BUSCA Y EXPLORA

DEVOCIONALES PARA NIÑOS

365 DÍAS DE ACTIVIDADES PRÁCTICAS

Dra. Yvonne Van Ee
Dr. Michael Williams

Vidaniños

La misión de Editorial Vida es ser la compañía líder en satisfacer las necesidades de las personas, con recursos cuyo contenido glorifique al Señor Jesucristo y promueva principios bíblicos.

BUSCA Y EXPLORA, DEVOCIONALES PARA NIÑOS
Edición en español publicada por
Editorial Vida – 2020
Nashville Tennessee
© 2020 Editorial Vida
Este título también está disponible en formato electrónico.

Publicado originalmente en EE. UU. con el título:
Seek and Explore Devotions for Kids
Copyright © 2018 por la doctora Yvonne H. Van Ee y el doctor Michael Williams
Publicado con el permiso de Zondervan, Grand Rapids, Michigan 49546.
Todos los derechos reservados.
Se prohíbe su posterior reproducción y distribución.

Editora en jefe: *Graciela Lelli*
Traducción, edición y adaptación del diseño al español: *Grupo Scribere*

ISBN: 9-780-82976-981-4

CATEGORÍA: Religión / Devoción y oración

IMPRESO EN TAILANDIA
PRINTED IN THAILAND

20 21 22 23 24 25 IMAGO 9 8 7 6 5 4 3 2 1

Agradecimientos

Nosotros, los autores, agradecemos a las muchas personas que hicieron posible esta obra, entre ellas el personal diligente y creativo de HarperCollins Christian Publishing. En especial damos gracias a Sara Bierling y Annette Bourland por su labor en este proyecto, pues fueron ellas quienes estuvieron al frente, guiando y puliendo para que llegue a ser el mejor recurso posible.

También agradecemos a los innumerables niños cuya fe ardiente fortaleció la nuestra. Este libro nació de nuestro gran aprecio por ellos y el deseo de incentivarlos en su fe. Confiamos que estas páginas interactivas los llevarán por el sendero de la vida verdadera.

De igual manera damos gracias por los nobles esfuerzos de los padres cristianos, esfuerzos que no son apreciados lo suficiente. Su paciencia, su liderazgo constante y el ejemplo que dan a sus hijos son de inmensa relevancia para el reino. La influencia de ustedes sobre sus niños tendrá múltiples efectos sobre ellos y, en el futuro, sobre los hijos de ellos. Estamos seguros de que este libro se convertirá en un recurso en su noble vocación como padres.

Yo, Michael, agradezco de manera especial a mi esposa, Dawn. Ella me mantiene joven de corazón y es mi apoyo y ayuda segura. Cuando intento imaginar lo que significa ser más como Cristo, solo necesito verla.

Yo, Yvonne, expreso mi profunda gratitud a mis padres, Theodore y Harriet Hoekstra, por educarme en un hogar cristiano y por instruirme en la vida de la fe. Asimismo, con mi corazón lleno de gratitud agradezco a mi esposo, Bill. Él es mi inspiración creativa, mi paciente apoyo y mi amada alma gemela en esta travesía de la vida.

Introducción

En este devocional estudiarás un libro de la Biblia cada semana. Cada libro cuenta con seis lecturas y actividades para cada día. ¿Y adivina qué? Cuando termines este libro podrás entender lo que Dios te dice en cada libro de Su Palabra. Y no solo eso, sino que también podrás hacer algo divertido. La mejor manera de comenzar cada semana es leyendo el resumen que encontrarás en el día 1. Esto te dará una buena idea sobre el tema principal del libro. Al siguiente día, avanza hasta el día 2. ¡Es así de sencillo y divertido!

La mayoría de las actividades diarias las podrás hacer solo, pero a veces te pediremos que trabajes con alguien más; puede ser alguien de tu familia, amigos o compañeros. Si no tienes alguien con quien puedas trabajar, haz tu mejor esfuerzo por terminar las tareas tú solo.

A lo largo de este libro encontrarás algunos personajes animados que te ayudarán a aprender sobre la Biblia. Conócelos un poco.

Arti es una suricata de Sudáfrica. Su mente siempre está imaginando gráficos y proyectos.

Habi es un jaguar de Sudamérica. A él le encantan las experiencias prácticas y siempre lo vas a encontrar jugando con algo o con alguien.

Verdi es una gacela que tiene familiares en muchas partes del mundo. A ella le fascina hacer viajes por la naturaleza y siempre lleva sus binoculares y su lupa.

Lecti es un tigre de Asia. A él le agrada el tiempo a solas para leer, porque así puede entender las ideas que están en su cabeza.

Ami es una hipopótama de África. A ella le encanta hacer nuevos amigos y ayudar a los grupos a trabajar juntos.

Charli es un pequeño mono que tiene parientes en todo el mundo. A él le gusta leer, pero más que todo le gusta hablar con sus amigos.

Pensi es una elefanta africana que también tiene familia en Asia. Ella es experta en resolver problemas, y también es famosa por ello.

Canti es una cebra de África que puede tocar cualquier instrumento que puedas imaginar, y además ¡canta como un ángel!

Amori es un oso del hemisferio norte. Él comprende los sentimientos de los demás y es apasionado por dar «abrazos de oso» a sus amigos. En la tabla de colores de Amori hay ocho colores que representan ocho emociones distintas. En este libro vas a usar su tabla en varias actividades.

Tabla de colores de Amori

Mira los diferentes colores que utiliza Amori para demostrar sus emociones.

Rojo = enojado

Violeta = enfurecido

Azul = triste

Verde = celoso

Marrón = aburrido

Gris = solitario

Amarillo = feliz

Naranja = emocionado

A menudo, Amori te invitará a escoger un color que demuestre cómo te sientes.

Semana 1, día 1

¡Vamos a leer!

Dios bendecirá a todas las naciones por medio de la persona escogida por Él.

¿Recuerdas el día que llegaste a este mundo? ¡Por supuesto que no!

Pero sí te parece lindo escuchar sobre ese día cuando te lo cuentan, ¿verdad?

Bien, en el Libro de Génesis es donde todo comienza. El cielo y la tierra. Los seres humanos. Todas las cosas eran buenas, pero el pecado también entró; y el pecado rompió y dañó lo bueno que Dios creó. Pero como Dios nos ama tanto, Él pensó en un plan para arreglar lo que el pecado había roto. Génesis nos habla sobre ese plan.

El pecado entró en el mundo de esa manera. Cuando Dios creó el mundo, creó también a los primeros humanos; sus nombres eran Adán y Eva. Ellos tenían una relación perfecta con el Padre en el jardín del Edén, pero perdieron esa relación cuando la serpiente los engañó para que pecaran contra Dios. El pecado daña todo. Dañó el mundo perfecto de Dios. Dañó la relación perfecta de Adán y Eva con el Padre, y también la relación entre ellos. ¡Pero el amor de Dios es más grande que el poder del pecado! Él decidió arreglar su mundo dañado y las personas heridas para demostrarnos su amor. ¡Esta es una gran bendición de Dios para nosotros!

En Génesis comenzamos a escuchar también sobre un hombre llamado Abraham. Dios lo escogió a él y a su familia para bendecir grandemente al mundo. Dios protegió a la familia de Abraham y les dio lo que necesitaban. Puedes leer su historia a partir del capítulo 12 de Génesis. Abraham es el hombre que Dios escogió para comenzar a arreglar el mundo que estaba dañado por el pecado.

La historia de Génesis ocurrió en Mesopotamia, Canaán y Egipto. Usa un mapa para encontrar estos lugares.

Semana 1, día 2

¡Reflexionemos!

Encuentra las palabras que describen personas, lugares y cosas en Génesis. Pueden estar escritas en diferentes direcciones: arriba, abajo o perpendicular. El listado te servirá de guía.

F	X	L	J	A	R	D	I	N	Q	Y	M	O	W	I
L	A	Q	W	J	Z	B	C	R	E	A	C	I	O	N
V	E	R	Z	O	O	D	A	C	E	P	T	Y	A	Q
Q	W	Z	A	Y	K	S	G	F	S	H	A	D	U	J
P	A	C	T	O	A	X	E	V	N	I	A	C	B	S
A	S	D	M	H	N	C	F	R	A	M	L	K	V	E
B	O	C	A	J	K	S	E	Q	U	A	U	S	L	R
A	R	S	B	H	V	O	Z	B	X	H	Y	A	E	P
B	Q	A	P	I	N	I	T	E	E	A	Q	R	A	I
E	S	D	V	F	L	V	G	H	K	R	J	A	I	E
L	U	Z	X	E	W	U	Q	Z	V	B	S	O	U	N
U	I	R	B	D	K	L	E	U	Q	A	R	W	P	T
E	H	A	Q	E	M	I	S	I	S	E	N	E	G	E
N	B	C	D	N	U	D	O	W	A	I	S	A	A	C
X	D	I	O	S	Z	B	E	N	D	I	C	I	O	N

Abel	creación	Isaac	Faraón
Abraham	Edén	Jacob	Raquel
Adán	Eva	José	Rebeca
Babel	diluvio	Judá	Sara
bendición	jardín	Lea	serpiente
Caín	Génesis	luz	pecado
pacto	Dios	Noé	

Semana 2, día 3

Encuentra a Jesús en Éxodo

El faraón era malvado. Se negó a liberar a los israelitas, de manera que Dios envió la peor plaga de todas: permitió que murieran todos los primeros hijos varones en Egipto, incluido el primer hijo del faraón. Hasta los animales primogénitos murieron esa noche, pero ¡todos los primogénitos de las familias israelitas vivieron! Dios protegió a sus hijos.

Dios pidió a los israelitas que sacrificaran a sus mejores corderos. Luego, untaron la sangre del cordero en los marcos de las puertas de sus casas. Esa noche, Dios pasó por la tierra de Egipto e hirió de muerte a los niños egipcios primogénitos, pero pasó por alto a los israelitas cuando miró la sangre que habían puesto en sus puertas. A esa noche se la conoció como la primera Pascua; esta es una fiesta judía anual para celebrar este acontecimiento.

Cientos de años más tarde, Jesús fue crucificado en la cruz. Él fue como el cordero que protege al pueblo de Dios. Jesús fue el sacrificio perfecto para toda la humanidad; somos libres del castigo del pecado porque él entregó su sangre.

Colorea el versículo para recordarlo.

«Ustedes quédense quietos, que el Señor presentará batalla por ustedes».

—Éxodo 14.14

Semana 2, día 4

¡Vamos a escribir!

EXODO

Lee Éxodo 29.46. ¿Qué razón Dios da en este versículo para salvar a su pueblo?

....

Dios vive con todo aquel que cree en Jesús. ¿Cómo te sientes al respecto? Escoge uno de los colores de la tabla de Amori. Explica por qué escogiste ese color.

....

....

....

Piensa en lo que puedes hacer para que recuerdes que Dios vive en ti. Escríbelo aquí.

....

....

....

15

Semana 2, día 5

¡Vamos a orar!

Querido Dios:

Gracias por salvarme del pecado. El pecado destruye y daña todo lo que toca, pero tú eres más poderoso que el pecado. ¡Tú eres el único poderoso! Me has salvado del poder del pecado. Gracias porque quieres vivir conmigo; y gracias porque al creer en Jesucristo, ¡tú vives conmigo! Tu Espíritu Santo me ayuda a entender cómo vivir. Tú me muestras la maravillosa vida que quieres para mí. Por favor, ayúdame a recordar que vives conmigo. Te pido esto porque creo en Jesús.

¡Amén!

Ahora, piensa en qué has pecado y has sido perdonado. Escribe debajo algunos pecados que necesitas recordar para no repetirlos.

Mis pecados

....

....

....

....

....

De esta manera recuerdo que Dios vive conmigo

....

....

....

....

¡Manos a la obra!

Dios nos ha liberado del poder malvado del pecado. Podemos vivir gracias a lo que Jesús hizo por nosotros. Cuando confiamos en Jesús, nos convertimos en hijos de Dios; entonces, el pecado ya no nos controla más, ¡sino Dios! En la Biblia, él nos da instrucciones para vivir; cuando seguimos sus instrucciones, ¡nuestras vidas son de lo mejor!

Este versículo del Libro de Gálatas repasa el mensaje de Éxodo. Vuelve a escribir este versículo en el espacio a continuación como una obra de arte. Puedes crear letras decoradas y añadir imágenes.

Cristo nos libertó para que vivamos en libertad. Por lo tanto, manténganse firmes y no se sometan nuevamente al yugo de esclavitud.

GÁLATAS 5.1

17

Semana 3, día 1

¡Vamos a leer!

Dios enseña a su pueblo a ser santos para que puedan vivir con él.

¿Alguna vez has caminado sobre un piso limpio con los zapatos sucios? Es probable que la persona que limpió el piso se haya molestado por eso. Debes tener los zapatos limpios para caminar sobre un piso aseado y debes tener un corazón limpio para vivir con Dios. En otras palabras, debes ser santo porque Dios es santo. Su pueblo podía ser santo porque llevaba ofrendas a Dios.

Había cinco clases de ofrendas, y cada una de ellas cumplía un rol diferente. El pueblo llevaba la primera clase de ofrenda para mostrar a Dios lo mucho que lo amaba. La segunda clase era para agradecer a Dios por darles la vida. La tercera ofrenda expresaba su deseo de ser amigos de Dios. Ofrecían la cuarta ofrenda cuando habían pecado contra Dios; esta ofrenda era su manera de pedir perdón por sus faltas. La quinta se ofrecía cuando se habían alejado de Dios. Esta ofrenda era una manera de decir que querían regresar a él.

Los israelitas usaban estas ofrendas como una manera de estar cerca de Dios. Él es perfecto y puro, pero su pueblo comete errores. Ellos no son perfectos ni puros, pero Dios quiere vivir con su pueblo siempre. Él les proveyó estas ofrendas como una forma de compensarlo por sus errores, para que Dios pudiera vivir con ellos eternamente.

Piensa en algunas maneras de ofrecerle a Dios gratitud, amor, amistad y pedirle perdón por tus pecados.

¡Reflexionemos!

En la lectura anterior aprendimos que los israelitas entregaron cinco clases de ofrendas. Cada una de ellas cumplía un rol diferente. Para aprender sus nombres, ordena las letras de cada una de las cinco ofrendas.

1. LCTAOSOHUO   _ _ _ _ _ _ _ _ _ _
   Pista: Levítico 1.3. Esta ofrenda servía para demostrar su amor a Dios.

2. EELRCA   _ _ _ _ _ _
   Pista: Levítico 2.1. Esta ofrenda servía para agradecer a Dios por su vida.

3. MUÓOINCN   _ _ _ _ _ _ _ _
   Pista: Levítico 3.1. Esta ofrenda servía para ser amigos de Dios para siempre.

4. IXEIRATPOO   _ _ _ _ _ _ _ _ _ _
   Pista: Levítico 4.3. Esta ofrenda servía para pedir perdón por sus pecados contra Dios.

5. LPUAC   _ _ _ _ _
   Pista: Levítico 5.15. Esta ofrenda servía para regresar a Dios.

LEVÍTICO

Semana 3, día 3

Encuentra a Jesús en Levítico

Los cinco tipos de ofrendas en Levítico tenían que presentarse todo el tiempo, pero ¡Dios envió a su hijo Jesús para que cumpliera con todo lo que los sacrificios hacían! Además, ¡Jesús es una ofrenda que nunca más será entregada!

La primera clase de ofrenda se quemaba por completo. Jesús se ofreció totalmente a Dios por nosotros, para que cuando creamos en él, le pertenezcamos por entero a Dios.

La segunda clase de ofrenda era una forma de agradecer a Dios porque él provee comida para vivir. Dios nos da vida eterna cuando creemos en Jesús.

Una persona llevaba la tercera clase de ofrenda para expresar su deseo de ser amigo de Dios por siempre.

Una persona llevaba la cuarta clase de ofrenda para pedir perdón por herir a Dios. Cuando pecamos, herimos a Dios. Jesús se hace cargo de todos nuestros pecados cuando creemos en él.

La quinta clase de ofrenda le expresa a Dios nuestro deseo de regresar a él. ¡Nunca más queremos alejarnos de él! Cuando creemos en Jesús, ¡llegamos a ser hijos de Dios para siempre!

Hay cinco ofrendas y cinco letras en el nombre **Jesús**. Pinta con un color diferente cada letra del nombre Jesús para representar cada tipo de ofrenda.

Semana 3, día 4

¡Vamos a escribir!

Jesús ha hecho lo que hicieron todas las ofrendas en Levítico, pero estas ofrendas debían ser entregadas una y otra vez. ¡Lo que Jesús ha hecho dura para siempre! ¿Cómo te sientes al respecto? Escoge un color de la tabla de Amori y explica por qué lo escogiste.

....

....

....

Supongamos que has sido invitado a pasar un momento con la persona más importante del mundo. ¿Cómo te sentirías? ¿Adivina qué? ¡Dios es mucho más importante que cualquier otra persona en la tierra! Él es santo y puro, y ¡te ha hecho su hijo! Tú siempre puedes pasar tiempo con él. Explica cómo te sientes al respecto.

....

....

....

Tabla de colores de Amori

Rojo = enojado

Violeta = enfurecido

Azul = triste

Verde = celoso

Marrón = aburrido

Gris = solitario

Amarillo = feliz

Naranja = emocionado

Semana 3, día 5

¡Vamos a orar!

Querido Dios:

Tú eres santo y puro. Yo sé que por mí mismo no puedo ser santo y puro. Gracias por enviar a tu Hijo como una ofrenda para mí. Él pagó el precio de mis errores para que tú me perdones. Jesús es santo y me hace santo ante tus ojos. Ahora puedo ser tu hijo para siempre. Ayúdame a recordar lo que has hecho por mí. Por favor, hazme más como Jesús para que yo pueda conocer más de tu vida maravillosa. Te pido esto porque creo en Jesús.

¡Amén!

Jesús nos enseña cómo vivir una vida santa. Piensa en algunas maneras en que puedas ser más como Jesús. Dibuja tus ideas en el cuadro a continuación.

¡Manos a la obra!

Es fácil olvidar que Dios es santo. En ocasiones pensamos que Dios es como nosotros, pero él es perfecto y nosotros no.

Aquí hay algo que puedes hacer para recordarlo.

Sean santos, porque yo, el Señor su Dios, soy santo.

LEVÍTICO 19.2

Crea un libro sobre la santidad. Dobla por la mitad varias hojas de papel. Grapa en el pliegue para que se sujete. En la portada, escribe las palabras de Levítico 19.2 (ver arriba). Luego, busca los versículos escritos en tu Biblia NVI. Anótalos en tu libro. Busca la definición de «santo» y escríbelo en tus propias palabras. Pregúntale a un pastor o a un amigo cristiano lo que significa la santidad para ellos. Añade sus definiciones a tu libro. Mantén este proyecto cerca para ayudarte a recordar que Dios es santo, y te ayudará a recordar que también debemos tratar de ser santos.

Levítico 20.26

1 Samuel 2.2

Ezequiel 38.23

2 Timoteo 1.9

Hebreos 12.4

1 Pedro 1.15-16

Semana 4, día 1

¡Vamos a leer!

Dios castiga a su pueblo cuando le desobedecen, pero mantendrá su promesa de bendecirlos.

Es probable que hayas desobedecido a tus padres de vez en cuando. Tal vez, pensaste que sabías más que ellos. Quizás, simplemente no quisiste hacer lo que te pidieron. Posiblemente, algo no resultó bien para ti. ¡Los padres saben de lo que hablan! Ellos te dicen qué hacer porque quieren lo mejor para ti.

Dios fue como un padre para los israelitas. Él los salvó de Egipto, los protegió y proveyó para ellos en el desierto. Después, les ordenó entrar a la tierra prometida para ellos, pero ¡tenían miedo! ¡Allí vivía gente fuerte! Los israelitas pensaron que tal vez Dios no podía cumplir lo que les prometió. Ellos dejaron de confiar en él; le desobedecieron y se olvidaron de que Dios era más poderoso que cualquier cosa a la que temían.

Dios le recordó a su pueblo lo importante que era creer en él. Dios aún les entregaría la tierra prometida, pero debían esperar hasta que sus hijos crecieran. ¡Eso era mucho tiempo! De esa manera, los israelitas finalmente obtendrían la tierra si confiaban y obedecían a Dios.

¿Alguna vez has tenido miedo de hacer algo que considerabas correcto? ¿Por qué tuviste miedo?

¡Reflexionemos!

Ordena los nombres de los personajes importantes en el Libro de Números. Luego, descifra las letras en círculo de cada nombre desordenado. Cuando lo hagas, encontrarás el nombre de otro personaje importante del libro.

1. Esta persona fue uno de los hombres que dieron un buen informe de la tierra prometida. Pista: lee Números 13.30.

1. BACLE

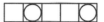

2. Esta persona reemplazó a Moisés como líder del pueblo de Dios. Pista: lee Números 27.18.

2. ÉOSJU

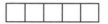

3. El nombre de esta persona aparece en los primeros y en los últimos versículos del Libro de Números. Pista: lee Números 36.13.

3. OISSMÉ

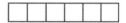

4. En este valle, los hombres que espiaban la tierra cortaron un racimo de uvas. Pista: lee Números 13.24.

4. EOSLC

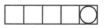

5. Los israelitas acamparon al otro lado de este río. Pista: lee Números 22.1.

5. NÁDROJ

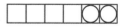

6. Ordena las letras en círculo de arriba para resolver el acertijo.

¿Cuál es el nombre del hombre que montó una burra y trató de maldecir a Israel?

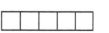

Semana 4, día 3

Encuentra a Jesús en Números

Los israelitas tenían problemas para confiar en Dios y obedecerle. ¡Si tan solo hubieran confiado en él, habrían disfrutado su bendición! ¿También tienes problemas para confiar en Dios y obedecerle? A todos nos pasa. ¡Si tan solo pudiéramos confiar en él y obedecerle todo el tiempo! Así nunca nos preocuparíamos de perder las bendiciones de Dios.

Dios también quiere que tengamos su bendición. Por esa razón, envió a su propio hijo, Jesús, quien siempre confió en Dios y le obedeció perfectamente. Además, algo sucede cuando creemos en Jesús. ¡Dios considera el sacrificio de Jesús como nuestro! Y, Dios recibe el sufrimiento de Jesús como pago por todas las veces que no confiamos y desobedecemos. Así, nunca más perderemos ninguna bendición de Dios. Jesús se ha asegurado de que tengamos la bendición de Dios para siempre. ¡Gracias, Jesús!

¿Qué tan bueno eres para confiar en Dios? Evalúate y encierra en un círculo un número a continuación (5 es el más alto).

1   2   3   4   5

¿Tienes problemas para confiar en Dios? Explica tu respuesta.

....

....

....

¡Vamos a escribir!

Imagina que eres uno de los israelitas que escuchó el informe de la tierra prometida. Escuchaste sobre la gente poderosa y súper aterradora. Escuchaste sobre las grandes ciudades con murallas altas a su alrededor. ¿Crees que hubieras querido ir a esa tierra?

Escribe tu respuesta aquí.

....

....

....

Los israelitas desobedecieron porque no creyeron que Dios podía hacer lo que prometió. Tenían miedo de la gente de la tierra prometida, pero Caleb les recordó que Dios estaba con ellos. Dios era más poderoso que sus temores. Piensa a qué le temes. Dios está contigo y es más poderoso que tus temores. Explica cómo te sientes al respecto.

....

....

....

Semana 4, día 5

¡Vamos a orar!

Querido Dios:

Tú siempre cumples tus promesas. A veces las olvido o no creo en ellas, pero me amas de todos modos. Gracias por enviar a Jesús a pagar el precio por todas las veces que desobedezco. Gracias por enviar a tu Espíritu para ayudarme a confiar en ti y a obedecerte. Por favor, ayúdame a hacerlo cada vez más. Te lo pido porque creo en Jesús.

¡Amén!

¿Cómo puedes obedecer a Dios y confiar más en él? Escribe aquí.

....

....

....

¿Qué promesas Dios ha cumplido en tu vida? Escríbelas en la Biblia a continuación.

Semana 4, día 6

¡Manos a la obra!

En ocasiones, *hacer* es mejor que *leer* para ayudarnos a recordar algo. Aquí tienes una actividad que puedes hacer. Esto te ayudará a recordar que Dios siempre te guiará y te mantendrá en el camino correcto.

Tal vez quieras la ayuda de un adulto. Asegúrate de pedir permiso. Toma una y colócala en una mesa. Sostén el extremo de la regla sobre un libro de manera que esté en un ángulo. Luego, toma un huevo cocido o de plástico y colócalo sobre la regla. ¡Si te arriesgas, puedes usar un huevo crudo! El objetivo es hacer que el huevo ruede hasta abajo sin dejarlo caer a los lados. ¡Tienes que vigilar de cerca al huevo! Si no lo mantienes por el camino correcto con tus manos, ¡se caerá y se romperá! ¡Sería un desastre!

Ese es un ejemplo de lo que Dios hace con nosotros. Él nos guía a través de la vida mediante lo que dice en la Biblia. Cuando le dejamos que nos guíe, estamos a salvo; si nos negamos a escucharlo, tomaremos una dirección incorrecta. Además, terminaríamos rotos, así como el huevo. Cuando piensas que no puedes confiar en Dios o cuando piensas en desobedecerlo, recuerda el huevo. Sin la guía de Dios en nuestro camino de vida arruinaríamos todo.

Semana 5, día 1

¡Vamos a leer!

Dios enseña a su pueblo a tener la mejor vida posible en la tierra prometida.

¡Imagina estar deambulando por un desierto caluroso y polvoriento por cuarenta años! Eso es exactamente lo que hicieron Moisés y los israelitas. Durante todo ese tiempo, Dios proveyó para ellos; les dio el maná para comer y el agua para beber. Además, Dios les enseñó a los israelitas lo que debían hacer para vivir con él. Les dio instrucciones para adorarlo; les dio leyes para llevar su vida diaria. Dios usó a Moisés para enseñar a los israelitas sus leyes y mandamientos; y juntos aprendieron a vivir como el pueblo escogido de Dios. Los israelitas aprendieron que podían tener una vida maravillosa con él, pero para tener esta vida, debían guardar sus mandamientos. Si así lo hacían, Dios prometió vivir entre ellos y bendecirlos, pero su pueblo siempre tuvo problemas para vivir como él les enseñó.

En este libro, Moisés llega al final de su vida. Él sabe que los israelitas no han guardado los mandamientos de Dios a la perfección. Así que, una vez más, él quiere que los israelitas recuerden lo más importante. Moisés les recuerda quién es Dios y su promesa para ellos. Les recuerda su relación especial con él; les recuerda obedecer las leyes y los mandamientos que les dio. Obedecer estas leyes y mandamientos les daría la mejor vida posible. Es una vida en la que has tenido una amistad con Dios.

Los eventos en el Libro de Deuteronomio ocurren cerca del río Jordán. Usa un mapa para localizarlo.

¡Reflexionemos!

Los mandamientos y sus beneficios están enlistados a continuación. Escribe la letra del beneficio en la línea junto al mandamiento que describe.

_____ No pongas otros dioses en mi lugar.

_____ No hagas estatuas de otros dioses para adorar.

_____ No hagas uso indebido del nombre del Señor tu Dios.

_____ Guarda el día de reposo como un día santo.

_____ Honra a tu padre y a tu madre.

_____ No mates a nadie.

_____ No digas mentiras sobre tu prójimo.

_____ No codicies las posesiones de tu prójimo.

a. Puedo adorar a Dios todos los domingos con otros creyentes.

b. Dios cumple sus promesas. Yo cumpliré mis promesas a los demás.

c. Dios me ha hecho su hijo. Él es mi Dios y tiene el lugar más especial en mi corazón.

d. Dios me ha mostrado la verdad y lo correcto.

e. Dios me dio a su propio Hijo como un regalo; así que, no tomaré lo que les pertenece a otras personas.

f. Dios es bueno. Solo a él alabaré.

g. Todos somos hechos a imagen de Dios. Nunca haré nada que lastime a otras personas.

h. Dios es santo y perfecto. Usaré su nombre con respeto.

i. Dios me ha dado todo lo que necesito. No quiero lo que tienen otras personas.

j. Dios me ha dado personas que me aman y me cuidan. Estoy agradecido por ellas.

Semana 5, día 3

Encuentra a Jesús en Deuteronomio

Con frecuencia, el pueblo de Dios olvidaba la maravillosa vida que él les prometió. Olvidaron lo que las leyes y mandamientos de Dios les indicaron para tener la mejor vida posible. Así que, olvidaron cumplirlas. Cuando no las cumplimos, nuestras vidas no salen bien. No solo eso, sino que nuestra relación con Dios no llega a su plenitud.

Dios envió a su hijo, Jesús. Él cumplió a la perfección las leyes y los mandamientos de Dios. Cuando creemos en Jesús, su obediencia es considerada como nuestra, y mediante lo que Jesús hizo, nuestra relación con Dios jamás será destruida.

El Espíritu Santo ayuda a todo aquel que cree en él a ser más como Jesús. Esto significa que los creyentes tratarán de seguir las leyes y los mandamientos de Dios, así como Jesús lo hizo. Estas leyes y mandamientos le enseñan al creyente a vivir la mejor vida posible. Esa vida viene de tener una relación con Dios. Los creyentes querrán agradecer a Dios por esa vida; seguir sus leyes y mandamientos es una manera de hacerlo.

Dios te da la mejor vida posible cuando crees en Jesús. ¿Cómo puedes demostrar a Dios que estás agradecido por esa vida? Recuerda, trata de ser más como Jesús.

¡Vamos a escribir!

Nuestro pecado destruye nuestra relación con Dios, pero Jesús obedeció sus mandamientos a la perfección para que nuevamente tengamos una relación con él. Cuando creemos en Jesús, Dios envía su Espíritu. El Espíritu Santo te ayuda a vivir como Dios quiere. Escoge un color de la tabla de Amori para mostrar lo que sientes. Luego, escribe por qué escogiste ese color.

....

....

....

Sabemos que no cumplimos a la perfección los mandamientos de Dios, pero él quiere que los usemos para guiar nuestra forma de vivir. Cuando lo hacemos, vivimos como Dios quiere. Lee otra vez la lista de los mandamientos. Escoge un mandamiento que quieras recordar en especial. Escribe por qué es importante para ti.

Mandamiento:

....

Por qué es importante:

....

....

....

....

....

33

Semana 5, día 5

¡Vamos a orar!

Amado Dios:

Gracias por enviarme a Jesús. Gracias porque él cumplió tus mandamientos a la perfección. Gracias por enviarme a tu Espíritu Santo. Por favor, ayúdame a obedecer tus mandamientos porque te amo. ¡Sé que seguir tus mandamientos me guiará a la mejor vida posible! Quiero aprender y seguirlos más fielmente. Pido esto porque creo en Jesús.

¡Amén!

Mira el camino. Escribe cómo puedes obedecer los mandamientos de Dios.

Semana 5, día 6

¡Manos a la obra!

En el día 4 de Deuteronomio, tú escogiste un mandamiento especial para recordar. En el día 2, aprendiste sobre el beneficio de ese mandamiento. ¿Qué te hace pensar ese beneficio? Dibújalo y coloréalo.

DEUTERONOMIO

35

Semana 6, día 1

¡Vamos a leer!

Dios da a su pueblo el descanso después de guiarlo a ganar sus batallas.

Aprender a andar en bicicleta puede ser emocionante, pero ¡también puede ser aterrador! En ocasiones, necesitas que alguien te ayude a no caer de la bicicleta.

Los israelitas también necesitaban hacer algo aterrador. Necesitaban entrar a la tierra que Dios les había prometido, pero otras personas habitaban esa tierra. Para conseguirla, Dios les dijo a los israelitas que pelearan por ella. Israel no podía cumplir esta aterradora instrucción sin la ayuda de Dios, pero él les prometió estar justo a su lado. ¡Dios pelearía por ellos y nadie en el mundo puede ganarle a Dios en batalla!

Josué guio a los israelitas en todas sus batallas, pero fue Dios quien les dio la victoria. Si confiaban en Dios, él se aseguraba de que ganaran. A veces, parece mejor confiar en algo más, pero los israelitas aprendieron que es mejor confiar en Dios. De esta manera, ganaron sus batallas. Después de ganar, los israelitas hicieron su hogar en la tierra prometida. Agradecieron a Dios que ahora podían vivir en paz y descansar.

El Libro de Josué se escribió para ayudar a recordar a los seguidores de Dios que deben confiar y obedecerle. ¿Qué te ayuda a recordar que debes confiar y obedecer a Dios?

Semana 6, día 2

¡Reflexionemos!

JOSUÉ

Encuentra una verdad sobre Dios en el tiempo de Josué. ¡Hoy también es una verdad para el pueblo de Dios! Usa los versículos para encontrar las palabras en la Biblia NVI. El número de espacios en blanco te indica cuántas letras tiene la palabra. Cuando hayas encontrado todas las palabras, lee el mensaje especial de arriba hacia abajo.

Josué 1.7 (palabra 11)

Josué 13.33 (palabra 3)   __ __ __ __ __ __ __ __ __

Josué 1.9 (palabra 20)   __

Josué 5.14 (palabra 26)   __ __ __ __ __

Josué 23.1 (palabra 12)   __ __ __ __ __

Josué 4.14 (palabra 7)   __ __ __ __

Josué 1.2 (palabra 1)   __

Josué 22.5 (palabra 41)   __ __ __ __ __

   __ __ __ __ __ __ __ __ __

Semana 6, día 3

Encuentra a Jesús en Josué

Dios estaba junto a los israelitas mientras peleaban contra sus enemigos. Ellos tenían que confiar que él se aseguraría de que ganaran la batalla. Cuando confiaron en Dios, Josué les guio a la victoria. Dios les dio paz y descanso a los israelitas; así, pudieron disfrutar de la maravillosa vida que Dios quería para ellos.

¡Dios hace lo mismo por nosotros cuando confiamos en Jesús! Josué les guio en su lucha contra sus enemigos, y Jesús nos guía en nuestra lucha contra el pecado. Él está justo allí con nosotros mientras luchamos en su contra. En la Biblia, Dios nos enseña que ciertas situaciones nos lastimarán. Por esa razón, algunas son pecado y pelean contra nosotros. Aun así, a veces nos gustaría hacerlas, pero, de ser así, no tendríamos el descanso y la paz que Dios quiere para nosotros. Jesús nos ayudará a ganar esas batallas contra el pecado. Lo único que debemos hacer es confiar en él. Cuando lo hacemos, él nos dará la victoria sobre el pecado. Así tendremos paz y descanso. Podremos disfrutar la maravillosa vida que Dios quiere para nosotros.

Jesús quiere darnos paz y descanso. Escribe las palabras o haz un dibujo que demuestre tus sentimientos cuando piensas en Jesús.

¡Vamos a escribir!

Los israelitas tenían paz y descanso después de ganar sus batallas. Jesús ha ganado, por nosotros, la batalla contra el pecado. Piensa en lo que eso significa para ti. Explícalo a continuación.

....

....

....

Josué recordó a los israelitas que tenían que confiar en Dios, ya que en ocasiones creían que había algo más fuerte que Dios. En ocasiones, ¿qué crees que es más fuerte que Dios? Escribe aquí.

....

....

....

JOSUÉ

¡Vamos a orar!

Amado Dios:

Tú diste a los israelitas la victoria sobre sus enemigos; les diste paz y descanso. Todo esto ocurrió cuando confiaron en ti. Jesús ganó la batalla contra el pecado. Él también me ayuda a ganar la batalla contra el pecado. Ayúdame a confiar en él para poder tener paz y descanso. Gracias por ser tan bueno conmigo. Pido esto porque confío en Jesús.

¡Amén!

¿Qué significa para ti la paz y el gozo? Dibuja o escribe sobre ti cuando te sientes descansado.

Semana 6, día 6

¡Manos a la obra!

Josué y los israelitas no eran tan fuertes como la gente que trataban de derrotar. Si trataban de ganar la batalla por su cuenta, hubieran perdido todo el tiempo. Ellos necesitaban que Dios les diera la victoria. Sí tenían que luchar, pero Dios se aseguró de que ganaran.

Usa los cuadros a continuación para dibujar a Josué y su ejército y aquellos contra los que peleaban. Dibuja algo que represente a Josué en un cuadro y, en el otro, algo que represente al ejército enemigo. ¿Qué necesitas añadir al cuadro de Josué para asegurarte de que el pueblo de Dios gane?

Ahora, traza otro par de cuadros. Luego, dibújate en un cuadro, y en el otro dibuja algo que represente un pecado contra el que estás peleando. ¿Qué necesitas añadir a tu cuadro para asegurarte de que ganes la batalla contra ese pecado?

41

Semana 7, día 1

¡Vamos a leer!

Dios levanta líderes para salvar a los israelitas de los problemas que causa el pecado.

En el Libro de Jueces, los israelitas se negaban a escuchar las instrucciones de Dios. ¡Eso les causaba grandes problemas! Dios había dado a los israelitas la tierra prometida. Vivían y educaban a sus familias en paz. Había mucho para descubrir y disfrutar, pero ¡olvidaron a Dios y cómo les enseñó a vivir! Dios les había mostrado cómo mantenerse alejados de los problemas, pero ya no lo escuchaban. Así que, ¡adivina qué pasó! Se metieron en bastantes problemas. ¡Sus vidas ya no eran buenas!

Entonces, los israelitas recordaron a Dios otra vez y le pidieron que los salvara de sus problemas. Cada vez que hacían esto, Dios los bendecía de nuevo y les daba un líder que los salve. Algunos de esos líderes que Dios envió fueron Débora, Gedeón y Sansón. ¡Los israelitas podían ser felices otra vez! En realidad, se alegraban tanto que de nuevo se olvidaban de Dios. ¡Oh no! ¡Los israelitas lo hicieron una y otra vez! Simplemente, repetían este patrón. ¿Alguna vez aprenderían?

Piensa en algo que te dijeron que no hicieras, pero lo hiciste de todas formas. ¿Pasó algo malo?

¡Reflexionemos!

Usa los versículos de la Biblia para encontrar un mensaje secreto en los nombres de los líderes israelitas. Busca cada versículo en la Biblia NVI. Escribe el nombre del líder que encuentres en ese versículo. El nombre tendrá el mismo número de letras que los espacios en blanco.

JUECES

Jueces 3.9 ___ ___ ___ ___ ___ ___ ___
             10   2

Jueces 3.15 ___ ___ ___
          3

Jueces 3.31 ___ ___ ___ ___ ___
     9   7

Jueces 4.4 ___ ___ ___ ___ ___
         13   12

Jueces 6.12 ___ ___ ___ ___ ___
        1   18

Jueces 10.1 ___ ___ ___ ___
      17   14

Jueces 10.3 ___ ___ ___ ___
      6

Jueces 11.1 ___ ___ ___ ___ ___
   5

Jueces 12.8 ___ ___ ___ ___ ___
        8

Jueces 12.11 ___ ___ ___ ___
   11

Jueces 12.13 ___ ___ ___ ___ ___
    19   16

Jueces 13.24 ___ ___ ___ ___ ___ ___
    4   15

Ahora escribe las letras numeradas en los mismos números de abajo. **43**

___ ___ ___ ___ ___ ___ ___ ___ ___ ___ ___ ___ ___ ___ ___ ___ ___ ___
 1 2 3 4   5 6 7 8 9   10 11   12 13 14 15 16 17 18 19

Encuentra a Jesús en Jueces

Quizás piensas que nunca olvidarías a Dios como lo hicieron los israelitas, pero ¡sí lo hacemos! Muchas veces actuamos como lo hacen los israelitas en Jueces. En ocasiones, no escuchamos lo que nos dice. ¡Creemos saber más que Dios! Y esa manera de pensar nos mete en toda clase de problemas.

Así, los israelitas en el Libro de Jueces se metieron en varios problemas, pero cuando oraban a Dios, él les enviaba líderes para salvarlos. Además, Dios nos ha dado un líder para salvarnos. ¡Nuestro líder es Jesús! Pero, Jesús es mucho mejor que todos los líderes que ha tenido Israel. ¡Jesús es perfecto! Así que, cuando nos salva, lo hace a la perfección. Los líderes israelitas solo podían salvarlos por un tiempo, pero ¡Jesús nos salva para siempre! Lo único que debemos hacer es pedirle su ayuda. Jesús nos salva del castigo merecido por nuestros pecados. ¡No hay necesidad de preocuparnos nunca más! Además, él hace algo más: nos enseña cómo mantenernos alejados de los problemas. Nos muestra cómo tener la maravillosa vida que Dios quiere para nosotros. Aun así, tendríamos problemas de vez en cuando, pero ¡debemos recordar pedir ayuda a Jesús!

Piensa en Jesús y en otros líderes en tu vida. ¿Qué aspectos crees que forman a un gran líder?

¡Vamos a escribir!

¡En ocasiones, estamos tan ocupados que hasta nos olvidamos de Dios! Cuando los israelitas olvidaron a Dios, se metieron en problemas. Cuando nos olvidamos de Dios, nos pasa lo mismo. Piensa cómo puedes recordar a Dios y lo que él te ha dicho en la Biblia. Escribe tus ideas aquí.

....

....

....

Los líderes israelitas los salvaron de los problemas en los que se metieron. Cuando confiamos en Jesús, ¡él nos salva de las peores dificultades! Nos salva del pecado y de todo el daño que nos causa. Piensa en todo el peligro y el daño del cual Jesús te ha salvado. ¿Cómo te sientes al respecto? Escoge un color del cuadro de Amori. Luego, explica por qué escogiste ese color.

....

....

....

45

Semana 7, día 5

¡Vamos a orar!

Querido Dios:

Gracias porque Jesús me ha salvado de todo el daño que causa el pecado. Tú quieres lo mejor para mí. Así que, por favor, ayúdame a escucharte para que el pecado no pueda hacerme daño. En ocasiones, olvido lo que me has enseñado y me meto en problemas. Cuando eso pasa, yo sé que puedo pedir ayuda a Jesús. Gracias porque él siempre está allí para mí. Pido esto porque creo en Jesús.

¡Amén!

Dentro de la T gigante, escribe sobre alguna de las veces que tuviste problemas. Completa la T para formar una cruz. Jesús puede llevarse tus problemas.

Semana 7, día 6

¡Manos a la obra!

Aprendiste sobre los problemas que tuvieron los israelitas cuando no escucharon a Dios. ¡Si tan solo lo hubieran escuchado, sus vidas hubieran sido mucho mejor! Aquí hay una manera para que recuerdes escuchar a Dios. Consigue unos crayones o marcadores. Pide que alguien vende tus ojos. Asegúrate de no poder ver nada. Luego, pide que una persona te guíe mientras coloreas la palabra a continuación. Pídeles que no te dejen salir de las líneas. ¡Deberás escucharlos cuidadosamente! ¡No mires!

Ahora, diles que no necesitas su ayuda. Ya no los escucharás más. Mantén la venda en tus ojos. Esta vez, trata de colorear por ti mismo la palabra a continuación. Otra vez, ¡sin mirar!

47

¿Cómo te fue? ¿En qué se parece esta actividad a escuchar o no a Dios?

Semana 8, día 1

¡Vamos a leer!

Dios llena las vidas vacías.

¿Conoces a alguien que ha perdido casi todo? Bien, Noemí era una israelita que había perdido todo lo que amaba. Mientras vivía en otro país, su esposo y sus dos hijos murieron. Una nuera la abandonó, y la única que le quedó fue su otra nuera, Rut. Estas dos mujeres no tenían quién les proveyera. ¡Estaban solas, asustadas y hambrientas! Así que Noemí decidió regresar a Israel, su país natal, y Rut la acompañó.

¡Noemí y Rut creyeron que sus vidas estaban tan vacías!, pero Dios siempre es fiel y amoroso. Cuando llegaron a Israel, su vida vacía comenzó a cambiar. Rut encontró un campo donde podía recoger trigo. Ahora las mujeres tenían algo de comida para alimentarse. Este campo le pertenecía a un hombre llamado Booz. Él era bueno y decidió ayudarlas; las alimentó y también se casó con Rut. Tiempo después, Booz y Rut tuvieron un niño llamado Obed. Este niño se convirtió en el abuelo del rey David. Un día Jesús nacería de la línea familiar de David. ¡Asombroso! ¡Eso es muy importante! Noemí había perdido todo y pensó que su vida estaba vacía, pero una vez más, ¡Dios llenó su vida de amor y bendiciones!

Noemí dejó Israel y se mudó a Moab por una vida mejor, pero no le resultó. Encuentra Moab en un mapa. Usa la escala para descubrir qué tan lejos estaba de Israel.

¡Reflexionemos!

Lee cada frase. Después, lee los versículos bíblicos escritos al final de cada oración. La palabra perdida está en los versículos y también en la lista a continuación. Solo usarás una vez cada palabra en la lista, pero hay dos palabras que no usarás en absoluto.

1. Booz era del pueblo de _____. (Rut 2.4)

2. Booz era un pariente de la _____ del esposo de Noemí. (Rut 2.1)

3. Booz también le dijo a Rut: «¡Que el Señor te _____ por lo que has hecho! Que el Señor, Dios de Israel, bajo cuyas alas has venido a _____, te lo _____ con creces». (Rut 2.12)

4. Noemí le dijo a Rut que Booz es su _____ _____. (Ruth 2.20)

5. Booz le dijo a Rut: «Puedo _____», pero había un pariente más cercano que él. (Ruth 3.12)

6. Booz acordó redimir a Rut si el otro hombre no estaba _____ a hacerlo. (Ruth 3.13)

7. Booz juntó a los _____ de la ciudad. (Rut 4.2)

8. El hombre dijo que no compraría la propiedad de Noemí. Luego, el hombre sacó su _____ y se la dio a Booz. Eso indicaba que la compra estaba hecha. (Rut 4.7-8)

9. Booz habló con los ancianos y todo el pueblo. Les dijo que había comprado toda la _____ que le pertenecía a Abimelec. Y les contó que había tomado a Rut como su _____. (Rut 4.9-10)

49

sandalia	pague	dispuesto	pariente	bebé
amargura	propiedad	esposa	ancianos	cercano
Belén	redimirte	refugiarte	recompense	familia

Encuentra a Jesús en Rut

En el Libro de Rut, Booz nos recuerda a Jesús. Booz era pariente de Noemí y de Rut. Él prometió cuidar de ellas; las mantuvo a salvo y las protegió. ¡Jesús se hizo hombre para que podamos pertenecer a su familia! Así que, cuando creemos en él, ¡sabemos que nos salvará y nos protegerá!

¿Quién cuida de ti en tu familia o en tu círculo de amigos cercanos?

Booz fue el bisabuelo de David, y Jesús nacería en la línea familiar de David. Dios usó a Booz, no solo para proveer para Noemí y Rut, ¡sino también para enviar al que nos proveería! Cuando creemos en Jesús, ¡nuestra vida vacía se llena nuevamente!

Mira estos nombres dispersos a continuación. Estos son los nombres de algunos familiares de Jesús. Usa lo que ya conoces de la Biblia y la información en el Libro de Rut, y pon los nombres de los miembros de la línea familiar de Jesús en orden.

Booz	1. _____
Abraham	2. _____
Isaí	3. _____
David	4. _____
Isaac	5. _____
María	6. _____

Semana 8, día 4

¡Vamos a escribir!

A Noemí le ocurrieron situaciones terriblemente malas. A ella, su vida le parecía vacía. En ocasiones, te suceden cosas malas y es posible que sientas que tu vida también está vacía. Escribe sobre una ocasión cuando te sentiste así.

....

....

....

¡Dios se preocupa por ti! Quiere que tengas una vida plena. Dios hizo que Booz esté allí para ayudar a Noemí y a Rut. ¡Dios se asegura de que Jesús esté allí para ayudarte! Además, cuando creemos en Jesús, él nos da la mejor vida posible. Escribe dentro del corazón cómo te sientes al respecto.

51

¡Vamos a orar!

Querido Dios:

Sé que me amas mucho. Gracias por cuidar de tu pueblo en el pasado. Tú hiciste que sus vidas vacías se llenaran con tus bendiciones. Gracias por enviar a Jesús para ayudarme; yo sé que él siempre me protege y me cuida. Él impide que mi vida esté vacía porque me llena con sus bendiciones. Por favor, ¡ayúdame a recordar que tú quieres que tenga la mejor vida posible! Pido esto porque creo en Jesús.

¡Amén!

¿Cómo sabes que Dios te ama? Escribe una razón en cada corazón.

¡Manos a la obra!

Dios quiere que recuerdes su promesa. Cuando crees en Jesús, nunca estás solo. Él siempre está contigo para llenarte con sus bendiciones.

Aquí tienes un proyecto que te ayudará a recordar la promesa de Dios de llenarte con sus bendiciones. Realiza esta actividad en un fregadero o sobre un recipiente.

1. Toma un vaso desechable y llénalo con agua.
2. Toma un alfiler o un clavo delgado y haz una perforación en el fondo del vaso.
3. Mira como el agua escapa del vaso.
4. Luego, otra vez llena el vaso con agua.
5. Puedes hacer esto una y otra vez. Sabes que el agua siempre se escapará.

¿Cómo te recuerda esto la promesa de Dios de llenarte de bendiciones? ¡Piénsalo!

- El vaso representa tu vida.
- El agua representa la bendición de Dios en tu vida.
- La perforación representa todo lo que sucede en tu vida. Los eventos que te apartan de Dios y de sus bendiciones te hacen sentir vacío por dentro.
- Escribe «Yo creo en Jesús» en un pedazo de cinta adhesiva y pégala sobre la perforación en el vaso. Luego, llena el vaso con agua. El agua ya no se escapará. Cuando crees en Jesús, tu vida permanecerá llena de la bendición de Dios. Seguirá llena como el vaso que mantuvo toda el agua.

Semana 9, día 1

¡Vamos a leer!

Dios honra a los humildes, pero humilla a los orgullos.

¿Alguna vez pensaste que algo estaba bien y te diste cuenta de que estaba mal? Quizás mordiste una manzana y encontraste un gusano adentro. ¡Qué asco! En 1 y 2 Samuel, los israelitas pensaron que sería bueno tener un rey como las otras naciones. Tenían que aprender por sí mismos que lo que creían bueno, en realidad, ¡era malo!

Los reyes de otras naciones dependían de su propia sabiduría y fuerza. Eran orgullosos, pero el rey de Israel tenía que depender de la sabiduría y la fuerza de Dios. Tenían que ser humildes. Saúl fue el primer rey de Israel, pero se volvió como los reyes de las otras naciones: orgulloso de sí mismo y de su autoridad. Así que, ¡Dios lo humilló al escoger a alguien más para que fuera rey!

Dios escogió a David como el siguiente rey de su pueblo. David era humilde y dependía de Dios. De esta forma, Dios honró a David en gran manera. En ocasiones, David desobedeció. Sin embargo, cuando lo hizo, admitió haber pecado y regresó a Dios. Por eso Dios prometió que daría un rey de la línea familiar de David. ¡Dios declaró que este rey gobernaría para siempre!

David se equivocó, pero después contó la verdad de sus errores. ¿Puedes recordar alguna ocasión cuando hiciste algo malo? ¿Quizás mentiste o desobedeciste? ¿Qué pasó después?

Semana 9, día 2

¡Reflexionemos!

David escribió un canto de alabanza para Dios cerca del final de 1 y 2 Samuel. En este canto, David expresa algo considerablemente importante sobre las personas orgullosas y las humildes.

Usa el código a continuación para descubrir lo que dice el versículo. Encuentra las letras de cada palabra en la fila que está sobre el código. Luego, reemplázalas con las letras debajo de ellas. Cuando termines, podrás leer el versículo.

El código

a	b	c	d	e	f	g	h	i	j	k	l	m	n	o	p	q	r	s	t	u	v	w	x	y	z
z	y	x	w	v	u	t	s	r	q	p	o	n	m	l	k	j	i	h	g	f	e	d	c	b	a

El versículo

w z h   o z   e r x g l i r z   z o l h

s f n r o w v h'   k v i l   g f   n r i z w z

s f n r o o z z   o l h   z o g z m v i l h.

Encuentra a Jesús en 1 y 2 Samuel

Dios prometió al rey David que en el futuro daría otro rey de su línea familiar. Además, ¡Dios prometió que este rey gobernaría por siempre! Dios cumplió su promesa a David. Muchos, muchos años después, Dios trajo este rey al mundo, ¡Jesús!

Jesús es perfecto, así que cumple totalmente lo que los reyes israelitas no pudieron. Jesús vivió una vida humilde en todo sentido. Él siempre hizo lo que Dios, el Padre, quiso que hiciera, incluso cuando entregó su vida para salvarnos. ¿¡No es maravilloso!? ¡Jesús ni siquiera valoró su propia vida más que la nuestra! ¡Eso es ser humilde!

A continuación, verás el nombre de Jesús con cinco líneas que salen de él. En cada línea escribe una palabra que tenga el mismo significado que la palabra «humilde». Usa un diccionario común o uno de sinónimos, o pide ayuda a un adulto. Piensa en lo que conoces de Jesús. ¿Qué hizo él para demostrar una vida humilde?

J ....
E ....
S ....
Ú ....
S ....

¡Vamos a escribir!

David era un humilde pastor. Sabía que era importante obedecer los mandamientos de Dios. Él confió que Dios estaría con él todo el tiempo; así que, no tuvo miedo cuando enfrentó al gigante Goliat. Sabía que Dios estaría con él. Tú también puedes confiar que Dios estará contigo cuando enfrentes algo que te asuste. Explica cómo te sientes al respecto.

....

....

....

....

Dios quiere que seas humilde mientras vivas. Cuando crees en Jesús, su Espíritu Santo te ayuda a ser humilde. Explica cómo te sientes al respecto.

....

....

....

....

57

Semana 9, día 5

¡Vamos a orar!

Querido Padre celestial:

Siempre has amado a tu pueblo. Tú quieres que te amen y confíen en ti; quieres que sean humildes. Por favor, ayúdame a ser humilde. Tú mereces toda mi alabanza y gratitud por los regalos que me has dado. Nunca dejes que me enorgullezca de mí mismo y te olvide. Te alabaré cuando tenga éxito, y te alabaré cuando la situación no me sea favorable. No importa lo que suceda, te honraré y te alabaré. Pido esto porque creo en Jesús.

¡Amén!

Piensa en maneras específicas de cómo puedes ser humilde en tu vida diaria. Anótalas en el cuaderno a continuación. Usa la lista de palabras que se te ocurrieron en el día 3.

¡Manos a la obra!

¡Es hora de hacer algo de arte! Necesitarás crayones o marcadores y una hoja de papel o un papel grande. Escribe HONRA A DIOS en el centro del papel.

Con los crayones y marcadores, escribe palabras que te recuerden alabar y honrar a Dios en todas las direcciones alrededor de la frase. Aquí tienes algunas ideas para ayudarte a pensar en algunas palabras.

- Todo lo que haces que te hace feliz.
- Todo lo que te hace sentir bien.
- Todo lo que sabes hacer bien.

Cuelga este papel en tu dormitorio. Úsalo para que recuerdes alabar y honrar a Dios, y que Dios te ha dado todo. Luego, ¡cuenta a los demás que puedes hacer todo eso porque eres un hijo de Dios!

Semana 10, día 1

¡Vamos a leer!

Dios se aparta de su pueblo cuando sus líderes se apartan de él.

¿Alguna vez has perdido un amigo? Tal vez discutiste con esa persona, o quizás decidió que ya no quería ser tu amigo. Probablemente, ¡esto fue muy duro para ti! Lo mismo pasó en 1 y 2 Reyes. ¡El pueblo de Dios decidió que ya no querían ser amigos de Dios!

Todo empezó cuando el rey David escogió a su hijo Salomón para que fuera el rey después de él. Al principio, Salomón fue un rey sabio y bueno, pero pronto escogió adorar a dioses falsos. Así que, después de la muerte de Salomón, Dios dividió su reino en dos naciones. El reino del norte fue llamado Israel y el del sur fue llamado Judá. Ambos reinos decidieron ser infieles a Dios. Algunos profetas intentaron que fueran amigos de Dios otra vez, pero el pueblo de Dios se apartó de él y de la vida que él quería para ellos. Dios no tuvo otra opción que castigarlos por su pecado, y permitió que los asirios y los babilonios se llevaran a su pueblo fuera de su tierra. Israel y Judá fueron apartados de la presencia de Dios. ¡Es una historia terriblemente triste!

¿Por qué crees que el pueblo de Dios ya no quería la amistad con Dios? ¿Por qué no escucharon las advertencias de los profetas de Dios? ¿Por qué pensaron que esto estaría bien? ¿Acaso no sabían que esto les resultaría mal?

....
....
....
....
....
....
....
....
....
....
....
....
....
....
....

¡Reflexionemos!

Lee los versículos bíblicos junto al nombre de cada rey. Esos versículos te indicarán si el rey fue bueno o malo. Escribe «bueno» o «malo» en el espacio en blanco antes de cada nombre. Si el rey siguió a Dios, busca su nombre en la sopa de letras de reyes buenos. Si el rey no siguió a Dios, busca su nombre en la sopa de letras de reyes malos. Los nombres en la sopa de letras van hacia adelante, hacia atrás, vertical, horizontal o diagonal.

_____ **JEROBOÁN**   1 Reyes 13.33

_____ **ABÍAS**   1 Reyes 15.3

_____ **ASÁ**   1 Reyes 15.9–11

_____ **NADAB**   1 Reyes 15.25–26

_____ **OMRÍ**   1 Reyes 16.25

_____ **ACAB**   1 Reyes 16.30

_____ **JOSAFAT**   1 Reyes 22.42–43

_____ **MENAJEM**   2 Reyes 15.17–18

_____ **JOTÁN**   2 Reyes 15.32–34

_____ **ACAZ**   2 Reyes 16.1–2

_____ **EZEQUÍAS**   2 Reyes 18.1–3

_____ **MANASÉS**   2 Reyes 21.1–2

_____ **JOSÍAS**   2 Reyes 22.1–2

_____ **JOACIM**   2 Reyes 23.36–37

_____ **SEDEQUÍAS**   2 Reyes 24.18–19

REYES BUENOS

X	E	Z	E	Q	U	I	A	S	B	V	J	A	N	K
A	J	W	L	M	L	S	X	S	L	C	G	S	A	O
H	Z	A	L	R	K	P	V	E	K	X	F	T	T	P
J	E	K	S	S	Y	T	B	R	S	A	I	S	O	J
G	W	Q	J	A	X	R	N	Y	J	Z	D	V	J	L
L	R	H	Y	T	W	J	O	S	A	F	A	T	X	M
P	S	D	Z	U	V	B	M	U	O	Q	S	Z	X	Z

REYES MALOS

M	Q	F	G	S	E	D	E	Q	U	I	A	S	P	A
E	Z	A	B	Y	K	H	J	K	E	S	E	M	B	M
J	O	A	C	I	M	G	B	L	D	S	B	I	A	E
A	M	R	H	A	L	F	A	M	A	W	A	H	D	R
N	R	E	T	U	Z	D	C	N	F	S	V	G	A	D
E	I	D	J	J	Q	S	A	B	V	X	Z	F	N	S
M	W	C	Y	N	U	M	J	E	R	O	B	O	A	N

Semana 10, día 3

Encuentra a Jesús en 1 y 2 Reyes

En ocasiones, actuamos como los malos reyes de Israel. Hacer esto es como decir que, ¡ya no queremos ser amigos de Dios! Nos negamos a tener la mejor vida que Dios quiere para nosotros.

Él quiere, en gran manera, que tengamos la mejor vida posible. Así que, nos envió a su hijo Jesús para ser nuestro rey bueno. Jesús nunca se apartó de Dios como lo hacemos en ocasiones, y pagó el precio de todas las veces que nos alejamos de él. Por eso, cuando Jesús estuvo en la cruz, ¡Dios tuvo que dejarlo sufrir! ¿Puedes imaginarte cuánto dolor sufrió Jesús? Sin embargo, no tenemos que preocuparnos porque Jesús lo hizo por nosotros. ¡Dios nunca se apartará de los que creen en Jesús!

Decora una corona digna de nuestro rey, Jesús.

¡Vamos a escribir!

Supongamos que no escuchas a tus padres o maestros y haces lo que quieres, de manera que te metes en problemas. Eso se parece mucho a lo que le pasó a Israel y a Judá cuando se apartaron de Dios. A continuación, escribe cómo te sientes cuando no escuchas y te metes en problemas.

....

....

....

En ocasiones, no escuchas a Dios y haces lo que quieres. Esa es una forma astuta que el pecado usa para apartarte de Dios. Cuando le pides perdón a Dios, él te perdona. ¡Dios te ama mucho! Él envió a Jesús para llevarse todos nuestros pecados. Cuando crees en Jesús, tus pecados son perdonados. Escribe cómo te sientes al saber esto. Escoge un color de la tabla de Amori y explícalo.

....

....

....

65

Semana 10, día 5

¡Vamos a orar!

Querido Dios:

Gracias por amarme tanto. Te agradezco por enviar a tu hijo, Jesús. Él pagó el precio por haberme alejado de ti. Ayúdame a no apartarme más de ti. Ayúdame a tomar decisiones que me acerquen a ti; ayúdame a amarte y a hacer lo que quieres que haga. Te pido esto porque creo en Jesús.

¡Amén!

Recorta o haz tu propia copia de este cartel y cuélgalo.

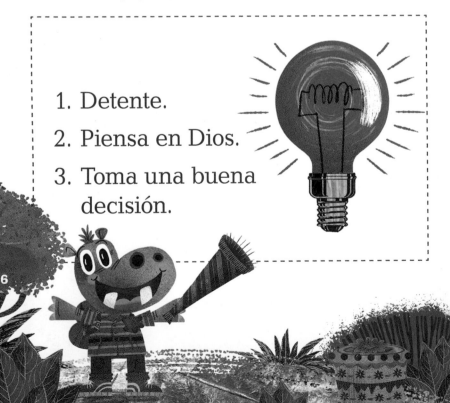

1. Detente.
2. Piensa en Dios.
3. Toma una buena decisión.

Semana 10, día 6

¡Manos a la obra!

Cuando creemos en Jesús, no queremos apartarnos de Dios. Prueba algo diferente que te ayude a recordar esto. Busca dos imanes lisos. Trata de juntarlos.

Cuando juntas los extremos de los imanes, se unen fuertemente, como cuando escoges seguir los mandamientos de Dios. ¡Escoges unirte fuertemente a él! Luego, voltea los imanes. Cuando trates de unirlos, no lo conseguirás. En realidad, ¡es probable que se alejen el uno del otro! ¡Así como cuando escoges seguir tu propia voluntad en lugar de hacer lo que Dios te ha pedido!

Enumera ocho actividades que puedes hacer para unirte fuertemente a Dios. Empieza tu lista a continuación, luego, cópiala en una tarjeta o pedazo de papel. Usa un imán para colocar la tarjeta o el papel en tu refrigerador.

Actividades que puedo hacer para unirme fuertemente a Dios:

1. _____

2. _____

3. _____

4. _____

5. _____

6. _____

7. _____

8. _____

67

Semana 11, día 1

¡Vamos a leer!

Dios anima a los israelitas al recordarles sus promesas a los reyes fieles.

¿Alguna vez has escuchado de Estemoa o Mismá? Tal vez estos nombres te parecen extraños. Son simplemente un par de nombres en 1 y 2 Crónicas, ¡un libro lleno de nombres! Sin embargo, estos nombres recordaron a los israelitas que Dios había sido bueno con su pueblo desde el comienzo. De esta manera, ¡estarían seguros de que también sería bueno en el futuro!

Los israelitas necesitaban que les recuerden esto. Las cosas habían salido mal para ellos porque se alejaron de Dios. Así que, Él los alejó de la tierra que les había entregado. No obstante, Ciro, el rey persa, les había permitido regresar, pero se preguntaban si Dios todavía los amaba. ¡Necesitaban ánimo! En 1 y 2 Crónicas se anima a los israelitas al recordarles de los reyes fieles que habían tenido en el pasado. David y Salomón fueron los mejores reyes. Ellos escucharon a Dios y siguieron sus instrucciones, por eso, Dios les hizo maravillosas promesas. Él les prometió bendecirlos en el futuro y que, a través de ellos, también bendeciría a los israelitas. Además les prometió a David y a Salomón que de su linaje nacerían gobernantes y que los amaría para siempre. De esta manera, ¡los israelitas tenían una razón para esperar cosas buenas en el futuro!

¿Alguna vez necesitaste que te animen? ¿Qué te alegra cuando estás triste?

Semana 11, día 2

¡Reflexionemos!

Mira la clave. Escribe la letra de cada objeto con la ayuda de la clave. Luego, lee la frase que se forma. Esta te recordará la idea principal de Crónicas.

69

Encuentra a Jesús en 1 y 2 Crónicas

En 1 y 2 Crónicas, los israelitas se animan al recordar a David y a Salomón. Dios hizo promesas a esos reyes fieles; y todas aquellas promesas aplicaban a todo el pueblo en su reino. Dios hizo esas promesas a David y a Salomón porque trataron de ser fieles con él. Sin embargo, ni siquiera estos reyes fueron perfectos; hasta ellos desobedecieron a Dios en ocasiones. Aun así, él les prometió que otro rey nacería de su línea familiar. Sería un rey que vendría en el futuro y que siempre sería perfectamente fiel a Dios y que siempre seguiría sus instrucciones. De esta manera, Dios bendeciría a ese gobernante con un reino que duraría para siempre. ¡Ese nuevo rey es Jesús! Él gobierna ahora mismo desde el cielo, y un día regresará para gobernar por siempre en la tierra.

También podemos ser animados cuando creemos en Jesús. ¿Cómo te sientes al saber que Jesús es nuestro Rey perfecto? Escribe tus sentimientos en las ramas del árbol.

¡Vamos a escribir!

En 1 y 2 Crónicas, encontramos varios nombres del pueblo de Dios en el pasado. Dios fue bueno con todos ellos. Eso alentó a los israelitas que regresaron a la tierra que Dios les había dado. Piensa en las personas en tu vida que han confiado en Dios. ¿Cómo te alienta su fe? Escribe tus ideas aquí.

....

....

....

Jesús es perfectamente fiel. Nosotros, no siempre somos fieles, pero cuando confiamos en Jesús, su fidelidad es considerada como nuestra, y ya no tenemos que preocuparnos de no ser suficientemente buenos para el cielo porque ¡Jesús nos hace suficientemente buenos! ¿Cómo te sientes al respecto?

....

....

....

Semana 11, día 5

¡Vamos a orar!

Querido Dios:

Gracias por enviar a Jesús para que sea mi Rey. Él fue perfectamente fiel contigo. De esa manera, se ganó todas las bendiciones que prometiste, y ¡esas bendiciones también son para mí! Por favor, hazme fiel como él. Ayúdame a seguir tus instrucciones para alcanzar la vida maravillosa que quieres para mí. Te pido esto porque creo en Jesús.

¡Amén!

Colorea el versículo a continuación.

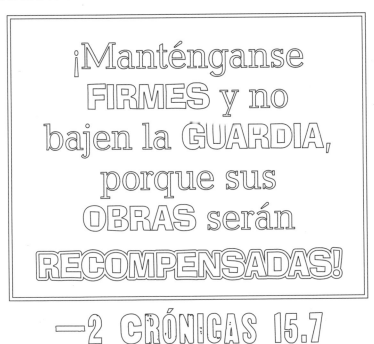

¡Manténganse FIRMES y no bajen la GUARDIA, porque sus OBRAS serán RECOMPENSADAS!

—2 CRÓNICAS 15.7

Semana 11, día 6

¡Manos a la obra!

Dios alienta nuestra fe al recordarnos a Jesús, y Jesús se asegura de que nuestra relación con Dios dure para siempre. Eso realmente ayuda cuando estamos tristes o cuando pensamos que no somos lo suficientemente buenos para Dios. Lo único que debemos hacer es recordar que Jesús es nuestro Rey. Gracias a él, ¡Dios nos amará para siempre!

Se siente bien ser animado por Dios de esta manera. Así mismo, nosotros podemos alentar a los demás. Escribe el nombre de una persona que puedas animar al compartirle de Jesús.

....

¡Asegúrate de hablar con esa persona esta semana! Probablemente también quiera que Jesús sea su rey.

En ocasiones, las personas que sí creen en Jesús tienen dificultades; pueden parecerse a los israelitas en 1 y 2 Crónicas. Escribe el nombre de alguien así.

....

¡Dios siempre los amará! Les ayudarías mucho al recordarles el amor de Dios.

¡HOLA!
¡ENCANTADO DE CONOCERTE!

73

ESDRAS

Semana 12, día 1

¡Vamos a leer!

Dios quiere que otras personas puedan ver nuestro amor por él.

El pueblo de Dios había estado lejos de su propia tierra por un buen tiempo. Cuando regresaron, quisieron reconstruir el templo. Sabían que hacer eso era importante porque así demostrarían a los demás lo mucho que amaban a Dios.

Esdras llegó después de la reconstrucción del templo. Él fue un importante sacerdote y maestro del pueblo de Dios. Esdras les enseñó que había algo aún más importante que el templo. El templo era solo un edificio. Dios estaba más interesado en las personas y quería que su pueblo demuestre su amor por él. Dios quería que demostraran su amor mediante la manera en que vivían, porque de ese modo, ¡otras personas verían, en realidad, lo mucho que lo amaban!

¿Qué harías para ayudar a las personas a ver tu amor por Dios?

¡Reflexionemos!

Encuentra estas palabras importantes en el Libro de Esdras.
Usa las palabras enumeradas en la sopa de letras.

ESDRAS

O	R	I	C	X	L	S	T	Y	E	N	S	Z	D	F
I	L	Z	R	A	G	O	H	L	T	A	O	A	M	I
L	Q	P	Z	V	B	X	Q	U	R	Y	R	M	A	E
I	Z	X	M	X	Q	W	R	D	B	I	K	L	L	L
X	V	U	H	E	J	G	S	V	O	Q	Z	W	T	X
E	D	N	J	L	T	E	P	I	N	B	V	F	A	F
R	E	G	R	E	S	A	R	K	Y	A	T	R	R	G
X	O	C	V	B	N	M	A	U	S	D	D	F	G	R
P	R	O	M	E	S	A	P	L	S	K	J	U	H	A
O	A	U	Y	T	R	E	W	Q	A	A	S	D	J	S
L	C	A	U	T	I	V	O	K	J	H	L	G	F	E
M	I	N	R	I	U	R	T	S	N	O	C	E	R	F
J	O	H	G	F	D	S	A	Z	X	C	V	B	N	N
K	N	L	P	O	I	Y	A	S	U	E	R	O	X	O
D	E	D	I	C	A	R	W	A	Q	S	A	Z	C	C

altar	Darío	fiel	oración	templo
cautivo	dedicar	hogar	promesa	Asuero
confesar	exilio	Jerusalén	reconstruir	
Ciro	Esdras	Judá	regresar	

75

Semana 12, día 3

Encuentra a Jesús en Esdras

Cuando Jesús vino al mundo, se lo llamó Emanuel, que significa «Dios con nosotros». Lee sobre esto en Mateo 1.23. Cuando
las personas creen en Jesús, pueden encontrarse con Dios. Y,
cuando creen en Jesús, ¡él hace de *ellos* su templo! A eso se
refiere Pablo en 1 Corintios 3.16, donde les pregunta a los creyentes: «¿No
saben que ustedes son templo de Dios y que el Espíritu de Dios habita en
ustedes?».

¡Todo aquel que cree en Jesús es parte del nuevo templo de Dios! Efesios
2.21 describe este nuevo templo. Colorea las palabras de este versículo para
ver lo que dice sobre Jesús.

En todo el edificio,
bien armado, [Jesús]
se va levantando
para ser un
templo santo
en el Señor.

—Efesios 2.21

Semana 12, día 4

¡Vamos a escribir!

Las personas en el Libro de Esdras apartaron el nuevo templo de Dios. Esto significa que prometieron usar el templo para adorar y servir a Dios. Los que creen en Jesús son el nuevo templo de Dios. En otras palabras, también debemos adorar y servir a Dios. Cuando hacemos esto, le demostramos lo mucho que lo amamos. Otras personas a nuestro alrededor también verán esto. ¿Cómo te sientes al saber que Dios quiere que le adores?

....

....

....

....

Piensa en las personas que adoran y sirven a Dios. ¿Qué harías para demostrar a los demás lo mucho que amas a Dios? A continuación, describe cuatro formas.

....

....

....

....

Semana 12, día 5

¡Vamos a orar!

Querido Dios:

¡Gracias por hacerme parte de tu nuevo templo! Quiero que te sientas orgulloso de este templo y demostrar a los demás mi amor por ti. Por favor, ayúdame a hacerlo bien.

¡Amén!

En el Libro de Esdras, las personas necesitaban recordar que Dios vivía con ellos. Él no solo vivía en el templo, sino también en sus corazones. Ellos tenían que demostrar su amor por Dios mediante su manera de vivir. Los títulos en los cuadros a continuación sugieren diferentes formas de hacerlo. Escribe tus ideas para demostrar tu amor por Dios en cada cuadro.

Decir

Hacer

Pensar

¡Manos a la obra!

Esta aventura te recordará la forma en que Dios construye su templo. ¡Él lo construye con aquellos que creen en Jesús! Así que, los creyentes tienen que asegurarse de que el templo demuestre a los demás cómo es Jesús.

Usa bloques de construcción, libros y otras cosas que puedan apilarse para hacer una muralla. Etiqueta los bloques con las palabras que describen a Jesús. Usa estas seis palabras y luego piensa y añade otras seis.

Perdón	Misericordia	Paz
Amabilidad	Amor	Bondad

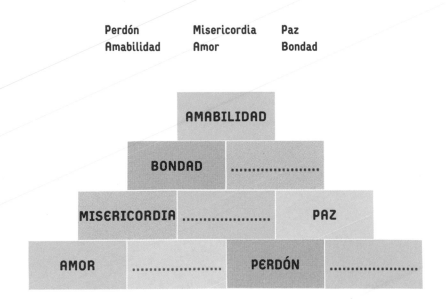

79

Semana 13, día 1

¡Vamos a leer!

Dios quiere que las personas que lo aman sean diferentes a las que no lo hacen.

Nehemías servía al rey en Persia cuando se enteró de algo sobre Jerusalén que lo entristeció mucho. Escuchó que sus murallas se habían caído. Esto dificultaba distinguir al pueblo de Dios de entre las otras personas.

Así que, Nehemías regresó a Jerusalén y ayudó al pueblo de Dios a reconstruir la muralla alrededor de la ciudad. Este era un trabajo difícil y sudoroso. Además, ¡esta no era la única parte difícil! Las otras personas que vivían alrededor de Jerusalén no querían que el pueblo de Dios construyera la muralla. ¡Querían que el pueblo de Dios fuera como ellos! Y tristemente, algunos en el pueblo de Dios querían ser como las personas que vivían alrededor. Después de todo, ¿quién quiere ser diferente a los demás? ¿Estaría el pueblo de Dios dispuesto a apartarse de Él para ser como los demás?

Nehemías animó al pueblo de Dios a ser diferente. ¡Y lo escucharon! Decidieron que vivirían como Dios les enseñó. Al hacer esto, serían una bendición para las personas que vivían a su alrededor. Demostrarían a los demás la vida nueva y mejor que Dios quería para ellos. El pueblo de Dios solamente podía hacerlo si vivían de manera diferente a los demás.

¿De qué manera hacer lo correcto ayuda a las personas a ver cómo es Dios? Cuando los demás te ven, ¿pueden ver algo real sobre Dios?

¡Reflexionemos!

Dios quiere que las personas puedan ver la mejor vida que Él anhela para ellas. Por eso, el pueblo de Dios tiene que vivir de manera diferente a los que no conocen a Dios. Podemos lograrlo cuando vivimos como Dios nos enseña en la Biblia. Así, los demás podrán ver la diferencia. ¡Les enseñaremos la mejor vida que Dios quiere para ellos también! ¿Pueden las personas ver que vives diferente porque sigues a Dios? ¿Pueden distinguir la diferencia?

Veamos *si puedes* distinguir las diferencias entre los dos dibujos. ¡Pensi tiene una gemela! Bueno, casi son idénticas. ¿Puedes encontrar al menos cinco diferencias entre Pensi a la izquierda y Pensi a la derecha? Encierra en un círculo lo que encuentres.

81

Semana 13, día 3

Encuentra a Jesús en Nehemías

Nehemías obedeció a Dios. Él nunca se desvió de su deber de ayudar a que el pueblo obedeciera a Dios. ¡Él les ayudó a hacerlo incluso cuando los demás se negaban!

De esta manera, él predijo cómo actuaría Jesús. Él siempre obedeció al Padre y oraba continuamente para que lo ayudara a ser obediente. Jesús traería sanidad física y espiritual. Él la brindaría al pueblo de Judá y a todas las personas del mundo. Todo el que cree en él puede unirse a esta labor.

Dios quiere que todos nosotros seamos valientes y fieles para mantenernos en su labor. Él quiere que lo hagamos incluso cuando otros tratan de detenernos. Haz un plan para ayudar a Jesús con su labor en la tierra. A continuación, escribe tus ideas para ayudar a las personas física y espiritualmente.

Ayuda física	Ayuda espiritual

¡Vamos a escribir!

En el día 2 de esta semana, encontraste las diferencias entre dos dibujos. Piensa en tu propia vida. ¿Las personas pueden ver algo diferente en ti porque crees en Jesús? Piensa en las cosas que te diferencian de los que no conocen a Jesús. Escríbelas en el cuaderno.

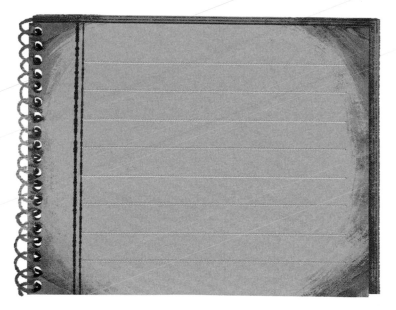

¿Alguna vez hiciste algo aun cuando Dios dijo que estaba mal? Piensa por qué lo hiciste. ¿De qué manera esto impide que las personas vean la mejor vida que Dios quiere para ellos? Escribe tus ideas aquí.

Semana 13, día 5

¡Vamos a orar!

Querido Dios:

Gracias por mostrarme cómo vivir la mejor vida posible. En ocasiones, es difícil hacerlo. A veces, las personas quieren que haga cosas que has dicho que están mal. Estas cosas me pueden causar daño, pero de todas formas las hago. Por favor, perdóname y ayúdame a vivir más como Jesús. Así, mi vida se parecerá más a la que quieres para mí. Y así también, mostraré a los demás una nueva manera de vivir. Te pido esto porque creo en Jesús.

¡Amén!

Así como los judíos reconstruyeron la muralla de su ciudad, también debemos colocar ladrillos para construir nuestra mejor vida posible. En los cuadros a continuación, escribe seis cosas que te pueden ayudar a vivir la mejor vida posible.

¡Manos a la obra!

El pueblo de Dios empezaba a parecerse a las personas que vivían a su alrededor. ¡Esas personas no creían en Dios! Nehemías les dijo que tenían que ser diferentes y que debían mostrar a los demás una mejor manera de vivir. Esa es la clase de vida que Dios les había mencionado.

Usa el espacio en la parte inferior para escribir tu plan para vivir la vida que Dios quiere para ti. Tu plan debe incluir formas de alabar a Dios y ayudar a los demás. ¡Hay muchas cosas que puedes hacer! Estas cosas mostrarán a otros la mejor vida que Dios quiere para ellos también.

Es importante hacer un seguimiento. Después de unos días, pregúntate si el plan funciona.

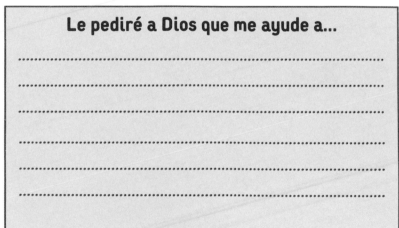

Le pediré a Dios que me ayude a...

¡Vamos a leer!

Dios coloca a su pueblo en el lugar correcto para salvarlos de sus enemigos.

¿Alguna vez hablaste con alguien que no te respondió? Tal vez, no te escuchó o no te vio. Quizás tuviste que decir algo como: «Oye, ¿no escuchaste lo que te dije?». En ocasiones, parece que Dios no nos escucha ni nos ve. Al parecer, eso fue lo que pensó Ester. Otra nación había ganado la victoria sobre el pueblo de Dios y a ella la llevaron a vivir en una tierra lejana. ¡Hasta tuvo que servir a un rey persa! En realidad, él la convirtió en su reina. Probablemente, Ester se preguntaba por qué Dios permitía todo eso. ¿No escuchó sus oraciones? Sin embargo, Dios obraba aun cuando Ester no podía verlo.

Dios había puesto a Ester y a su primo Mardoqueo en un lugar específico con un propósito especial. ¡Dios los usaría para salvar las vidas de todo su pueblo! El rey al que Ester servía tenía un siervo malvado llamado Amán. Él odiaba al pueblo de Dios y, en secreto, planeaba matarlos. Sin embargo, Mardoqueo descubrió el plan de Amán y se lo contó a Ester. Ella pudo hacer que el rey detuviera el plan de Amán, y ¡la única persona que murió fue Amán! Al contrario, ¡lo que Amán quería para el pueblo de Dios le ocurrió a él mismo! ¡El pueblo de Dios estaba a salvo! ¡Dios los había rescatado!

Probablemente te gusta leer historias de personas valientes. Esas personas hacen lo correcto aun cuando es difícil y aterrador. ¡El libro de Ester es una de esas historias! Piensa en lo que harías si fueras ella.

¡Reflexionemos!

Dios tenía un propósito especial para Mardoqueo y Ester. ¡Dios los usó para salvar a su pueblo de sus enemigos! Cuando resuelvas este juego de palabras, descubrirás dos cosas; el nombre que Dios te ha dado y el propósito especial para ti.

Descifra las palabras. Date cuenta de que las letras debajo de las líneas negras no tienen sentido. Tendrás que descubrir cuáles son las palabras correctas. Para lograrlo, tendrás que usar la letra en el alfabeto que está después de la letra dada. Por ejemplo, la primera letra debajo de la primera línea en blanco es la B. La letra que le sigue es la C. De esta manera, la primera letra de la primera palabra en el juego es la C. Aquí tienes el alfabeto completo para ayudarte.

A B C D E F G H I J K L M N Ñ O P Q R S T U V W X Y Z

«Tú eres <u>u</u> <u>n</u> <u>   </u> <u>   </u>
        T M   L D M R Z I D Q Ñ   Ñ E H B H Z K

<u>   </u> <u>   </u> ».
C D   I D R T R

¡<u>   </u> <u>   </u> <u>   </u>
  G Z A K Z K D R   Z   Ñ S Q Ñ R

<u>   </u> <u>   </u>!
R Ñ A Q D   D K

Encuentra a Jesús en Ester

La situación para Ester, Mardoqueo y el pueblo de Dios parecía desalentadora. Fueron alejados de su tierra, del lugar que Dios les dio. Ahora, otras personas los gobernaban. Y, todos morirían a menos que alguien proporcionara una forma de salvarlos. Dios hizo esto en su gran misericordia. Colocó a Mardoqueo y a Ester en el lugar y la hora correctos. Dios los usó para salvar a su pueblo de sus enemigos.

¡Dios ha hecho lo mismo por nosotros! El pecado es nuestro enemigo y quiere gobernarnos. En realidad, ¡nos quiere matar! Y lo logrará, a menos que alguien proporcione una forma de rescatarnos de él. ¡Dios en su gran misericordia así lo hizo! Cuando llegó el tiempo correcto, envió a su hijo, Jesús. Su hijo vino a la tierra, vivió, murió y resucitó para rescatarnos de nuestro pecado.

Cuando Dios salvó a su pueblo en el Libro de Ester, Mardoqueo envió mensajeros especiales para que todos se enteren. Así mismo, Dios tiene un propósito especial para nosotros. Él quiere que seamos sus mensajeros para compartir con todos sobre Jesús. Necesitamos decirles que Jesús vino para rescatarnos.

En el pergamino a continuación, escribe algunas maneras de compartir con otros sobre Jesús.

¡Vamos a escribir!

ESTER

Dios usó a Ester y a Mardoqueo para salvar a su pueblo de sus enemigos. Luego, ¡Mardoqueo envió a los mensajeros para que todos se enteren! Dios envió a su hijo, Jesús, para salvar a su pueblo del pecado. Y, ¡Dios quiere que lo comentes con todos! Explica cómo te sientes al respecto.

....

....

....

Ester temía hacer lo que Mardoqueo le pidió. Primero, no lo quería hacer. Le pidió al pueblo de Dios que ore por ella. Dios quiere que tú compartas su plan para rescatar a los demás. Él los salvará cuando crean en Jesús. Sin embargo, quizás tienes miedo de compartir con las personas las buenas nuevas de Jesús. Puedes orar y pedir a Dios que te ayude. ¿Cómo puede Dios ayudarte para hablar de Jesús con los demás? Escribe tus ideas aquí.

....

....

....

Semana 14, día 5

¡Vamos a orar!

Querido Dios:

Tú eres grande y maravilloso. Tú amas a tu pueblo y los rescatas de sus enemigos. Gracias por enviarme a Jesús para rescatarme. Él ganó la victoria sobre el pecado. Yo sé que quieres que comparta con otras personas lo que has hecho, pero en ocasiones tengo temor. Por favor, ayúdame a tener valor para hablar de Jesús con los demás. Te pido esto porque creo en Jesús.

¡Amén!

En las líneas junto a Charli, escribe lo que te gustaría decirles a las personas sobre Jesús.

....

....

....

....

....

....

¡Manos a la obra!

Dios colocó a Ester en un lugar especial donde pudo ayudar a su pueblo cuando llegó la hora. Ella era una reina. Sin embargo, tenía que ser valiente para salvar al pueblo de Dios.

Haz una corona para que recuerdes a la reina Ester y su fidelidad a Dios. También te recordará que Dios quiere que seas fuerte en tu fe. No tienes que usar la corona, pero cuélgala en tu habitación como un recordatorio de fidelidad a Dios como lo hizo la reina Ester.

Necesitarás cartulina, tijeras, cinta adhesiva o una engrapadora y decoraciones. Con la cartulina, haz la forma del frente de la corona y decórala. Luego, corta una tira de papel de 1 pulgada (2,5 cm) de ancho, para hacer una diadema y adhiérela al frente de la corona. Para que tengas una idea, observa los dibujos a continuación.

Semana 15, día 1

¡Vamos a leer!

En ocasiones, Dios hace cosas que no podemos entender.

¿No te preguntas por qué Dios hace algunas cosas? Resulta terriblemente difícil entender cuando nos pasan cosas malas a nosotros o a los demás. Tal vez pensamos: *¿Por qué Dios permite que pase esto?* El Libro de Job es una manera en la que Dios nos responde esta pregunta.

Al comienzo de este libro, Job tiene una buena vida, pero ¿es feliz por tener una buena familia y muchas cosas, o porque es hijo de Dios? Satanás piensa que es feliz por su familia y sus posesiones. Así que, Dios le permitió a Satanás que se lleve todas las posesiones de Job. Eso entristeció a Job.

Los amigos de Job aparecen para hacerlo sentir mejor, pero ¡solo empeoran las cosas! Le dicen a Job que tal vez hizo algo malo, pero él sabe que no es así. Entonces, ¿por qué Dios permite que le pasen cosas malas? Dios le dijo a Job que hay cosas que no puede ver ni conocer como él lo hace. Por ejemplo, Job no sabía que Dios le estaba mostrando a Satanás la fe de Job. Por esa razón, le sucedían todas esas cosas terribles. Dios le dijo a Job que los seres humanos no pueden conocer lo que él conoce. Sin embargo, hay algo que siempre es seguro, y eso es que ¡Dios nos ama!

Piensa en una ocasión cuando te pasó algo malo que creíste que no lo merecías. ¿Cómo te sentiste? ¿Cómo se sintieron los demás?

¡Reflexionemos!

Dios le recuerda a Job que solo puede ver una pequeña parte de lo que sucede. Solamente Dios puede ver la imagen completa. Desde nuestro punto de vista, las cosas no tienen sentido, pero ¡desde el punto de vista de Dios todo encaja! Nosotros vemos una pequeña imagen, pero ¡Dios ve la imagen grande! Esta divertida actividad te lo recordará. A continuación, verás cinco imágenes pequeñas. Cada una muestra una parte pequeña de algo mucho más grande. Es posible que no puedas identificar la imagen completa porque solo ves sus pequeñas partes. ¡Trata de adivinar qué es! Escribe su nombre sobre la línea.

1. _____ 2. _____ 3. _____

4. _____ 5. _____

Encuentra a Jesús en Job

Job no sabía por qué le sucedían toda clase de cosas malas. No podía percibir la imagen completa que solo Dios podía ver. Los amigos de Job insistían en que eso pasaba porque Job había hecho algo malo, pero no era así. Las cosas malas pasan a las personas incluso cuando no han hecho nada malo. ¡Eso le pasó a Jesús!

En realidad, ¡Jesús nunca hizo nada malo! Sin embargo, ¡le sucedieron toda clase de cosas malas! Así que, también a las personas buenas les pasan cosas malas. Solo Dios sabe la razón de esto. En ocasiones, nos permite conocer los motivos. Dios nos explica que a Jesús le pasaron cosas malas para que pagara el precio de nuestros pecados. Por esa razón, ¡Dios nos perdona! ¡Cuando confiamos en Jesús, somos hijos de Dios!

Leer la historia de Job nos ayuda a recordar que a la gente buena le pueden pasar cosas malas. No siempre entendemos por qué, pero podemos contarle a Jesús porque le pertenecemos a él.

¿Qué cosas malas te han pasado? Enuméralas junto a las manos que oran. Cuéntale a Jesús.

¡Vamos a escribir!

¿Alguna vez tus padres o un maestro te pidieron que hicieras algo que no querías hacer? Tal vez tenías que estudiar para un examen; quizás te hicieron comer tus vegetales o te pidieron ser bueno con tu hermano o hermana. ¡Cómo se les ocurrió pedirte eso! Explica cómo te sentiste.

....

....

....

   Piensa en las buenas razones que tuvieron tus padres o tu maestro para sugerirte esas cosas. Escribe tus ideas aquí.

....

....

....

JOB

Semana 15, día 5

¡Vamos a orar!

Querido Dios:

En ocasiones, me molesto cuando las cosas no salen a mi manera, pero sé que no puedo ver la imagen completa como tú lo haces. Tú lo sabes todo. Sin embargo, ¡sé que me has hecho tu hijo y me amas! Yo sé que tú me amas sin importar si suceden cosas buenas o malas. Ayúdame a confiar en ti cuando sucedan cosas malas. Te pido esto porque creo en Jesús.

¡Amén!

¿Alguna vez has dicho las palabras «No es justo»? Muchos niños las han dicho. Siempre es difícil entender por qué nos pasan ciertas cosas, pero debemos confiar en que Dios nos cuida. Y, eso es cierto, sin importar si la situación es buena o mala. Piensa en una palabra positiva para cada letra de las palabras a continuación. Luego, explica por qué la escogiste. La primera es un ejemplo para ti.

N Necesario. Lo que Dios hace es necesario.

O _____

E _____

S _____

J _____

U _____

S _____

T _____

O _____

¡Manos a la obra!

En ocasiones, es difícil entender por qué Dios hace ciertas cosas. A menudo, las razones de Dios son cosas que nunca pensaríamos. Aquí tienes una forma divertida de pensar por qué las cosas suceden. Usa las palabras en las listas a continuación. Tú y un amigo se turnarán para llenar los espacios en blanco para esta frase. «Yo compré un _A_ para poder _B_». La primera persona debe usar las primeras palabras en las columnas A y B. ¡Puedes terminar con una frase exageradamente boba! Luego, la segunda persona debe usar las segundas palabras en las columnas. Toma turnos hasta que hayas usado todas las palabras. Diviértete al pensar en maneras interesantes de juntar las palabras. ¡Sé creativo!

Cuando termines de recorrer las listas en orden, cambia de lugar. Trata de empezar con la primera palabra en una lista y la última en la otra lista.

A	B
caballo	ir a la escuela
pizza	ir a dormir tarde
videojuego	tomarse un día libre de la escuela
cachorro	ir a nadar
computador	llegar a casa a tiempo
barra de chocolate	jugar con mis amigos
regalo para mi madre	comer helado
gorra	mirar la televisión
mochila	leer un libro
gaseosa	ir a la tienda

Semana 16, día 1

¡Vamos a leer!

Dios quiere que hablemos con él sin importar cómo nos sentimos.

¿Tienes un mejor amigo? Si es así, es posible que les guste explorar juntos. Probablemente, conversan mucho, les gusta compartir sus pensamientos y sus ideas. Los mejores amigos también confían el uno en el otro. ¡Esa es la clase de relación que Dios quiere con su pueblo!

Dios desea que sus hijos pasen tiempo con él y quiere que ellos confíen en él, que compartan sus pensamientos, sus ideas y sus sentimientos, tanto cuando las cosas salen bien como cuando salen mal. Además, ¡Dios incluso quiere que su pueblo comparta sus más grandes secretos con él! Esa es la clase de relación que Dios anhela tener con su pueblo.

Salmos es una manera en que el pueblo de Dios hablaba con él. En nuestros días, el pueblo de Dios todavía puede usar estas mismas palabras. Todos las pueden usar cuando necesitan hablar con Dios. El Libro de Salmos nos enseña quién es Dios y lo que ha hecho. También nos ayuda a hablar con él sobre nuestros más profundos sentimientos y emociones, y lo podemos hacer cuando estamos felices, tristes o hasta enojados. ¡Salmos ayuda al pueblo de Dios a hablar con él sin importar sus sentimientos! Al igual que un mejor amigo, ¡Dios quiere escucharnos!

¿De qué hablas con Dios? ¿Te sientes mejor cuando hablas con él?

¡Reflexionemos!

SALMOS

Los Salmos nos ofrecen maneras de expresarle a Dios nuestros sentimientos. En la parte inferior, cada versículo habla sobre un sentimiento. Lee los versículos y, después, completa la palabra que falta. Fíjate en el número debajo de cada letra de la palabra. Escribe esas letras en el cuadro con el mismo número en el crucigrama. Cuando termines esta aventura, ¡obtendrás un poema sobre este libro de poesías!

1. **Salmos 3.6** No me __ __ __ __ __ __ __ los numerosos escuadrones
   1 2 3 4 5 6 7
   que me acosan por doquier.

2. **Salmos 6.3** __ __ __ __ __ __ __ __ __ __ está mi alma; ¿hasta
   8 9 10 11 12 13 14 15 16 17
   cuándo, Señor, hasta cuándo?

3. **Salmos 16.6** Y se dice a sí mismo: «Nada me hará caer. Siempre seré
   __ __ __ __ __. Nunca tendré problemas».
   18 19 20 21 22

4. **Salmos 30.11** Convertiste mi __ __ __ __ __ __ __ en danza; me
   23 24 25 26 27 28 29
   quitaste la ropa de luto y me vestiste de fiesta.

5. **Salmos 32.11** ¡Alégrense, ustedes los justos;
   __ __ __ __ __ __ __ __ __ __ __ en el Señor! ¡canten todos ustedes,
   30 31 32 33 34 35 36 37 38 39 40
   los rectos de corazón!

6. **Salmos 38.8** Me siento __ __ __ __ __, completamente deshecho; mi
   41 42 43 44 45
   corazón gime angustiado.

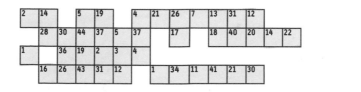

Semana 16, día 3

Encuentra a Jesús en Salmos

El Libro de Salmos nos habla de Dios y nos enseña que está bien que el pueblo de Dios hable con él sobre cualquier tema. En otras palabras, Salmos nos muestra cómo es una relación sana con Dios. ¡Jesús también nos muestra todo eso!

Algunos salmos nos hablan de Dios como rey. Santiago 5.4 menciona que Jesús gobierna sobre todo. Otros salmos destacan cómo Dios perdona nuestros pecados y en Mateo 9.2 también leemos que Jesús nos perdona. Algunos salmos hablan de la bondad de Dios y su tierno cuidado por su pueblo. En el Nuevo Testamento leemos sobre la bondad de Jesús y su tierno cuidado. Muchos salmos hablan del amor de Dios, y en Juan 15.13 Jesús nos enseña: «Nadie tiene amor más grande que el dar la vida por sus amigos». ¡Y eso es exactamente lo que Jesús ha hecho por nosotros!

Observa los versículos a continuación. Une con una línea el salmo con el versículo en el Nuevo Testamento que mejor corresponda en su mensaje.

Salmos 34.18   Mateo 9.2

Salmos 65.3   Juan 15.13

Salmos 36.7   Lucas 1.78–79

SALMOS

¡Vamos a escribir!

¡Hablar con Dios es inmensamente importante en tu relación con él! A Dios le puedes contar todo. ¡Él realmente quiere saber de ti! Explica cómo te sientes al respecto.

....

....

....

   Esto nos dice la Biblia en Filipenses 4.6-7: «No se inquieten por nada; más bien, en toda ocasión, con oración y ruego, presenten sus peticiones a Dios y denle gracias. Y la paz de Dios, que sobrepasa todo entendimiento, cuidará sus corazones y sus pensamientos en Cristo Jesús». Escribe cómo te sientes al respecto.

....

....

....

Semana 16, día 5

¡Vamos a orar!

Querido Dios:

Gracias por amarme tanto. ¡Sé que quieres saber de mí cuando estoy feliz, triste o herido! Por favor, ayúdame a estar dispuesto a decirte cómo me siento. Gracias por estar listo para escucharme en todo momento. Ayúdame a pasar más tiempo contigo en oración. Gracias por darme los salmos para mostrarme cómo hacerlo. Te pido esto porque creo en Jesús.

¡Amén!

Colorea el versículo en la parte inferior. Reflexiona en sus palabras mientras lo haces.

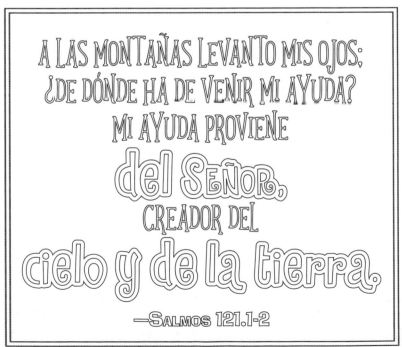

A LAS MONTAÑAS LEVANTO MIS OJOS;
¿DE DÓNDE HA DE VENIR MI AYUDA?
MI AYUDA PROVIENE
del SEÑOR,
CREADOR DEL
cielo y de la tierra.

—SALMOS 121.1-2

¡Manos a la obra!

SALMOS

Los salmos son poemas porque hablan sobre sentimientos y emociones. Sin embargo, los salmos son diferentes a otros poemas porque se enfocan en Dios; nos enseñan cómo es Dios y lo que hace. También le dicen a Dios quiénes somos y cómo nos sentimos. Los salmos fueron escritos por diferentes personas. Todos ellos hablaron de sus emociones y sentimientos por Dios.

Ahora es tu turno de escribir tu propio salmo. Empieza por decidir de qué emoción o sentimiento le quieres hablar a Dios. Piensa cómo te expresarás. Escribe eso en la primera línea. Luego, piensa en lo que Dios ha hecho por ti. Anota eso en la segunda línea. Recuerda, no tiene que rimar. ¡Solo tiene que ser sincero! Esto es solo el principio. Escribe cuantas líneas quieras. ¡Dios quiere saber de ti! Cuando termines de escribir tu salmo, colócalo en un lugar seguro. Esta es una conversación privada entre Dios y tú.

Semana 17, día 1

¡Vamos a leer!

Dios nos enseña cómo vivir conforme al orden que ha dispuesto en su creación.

Piensa en la sabiduría como una persona. Proverbios 8.32-34, nos enseña lo que esta persona nos diría: «Y ahora, hijos míos, escúchenme: dichosos los que van por mis caminos. Atiendan a mi instrucción, y sean sabios; no la descuiden. Dichosos los que me escuchan y a mis puertas están atentos cada día, esperando a la entrada de mi casa».

La sabiduría de Proverbios nos muestra cómo Dios hace que funcione el mundo y nos enseña sobre el orden que Dios ha dispuesto en su creación. Proverbios llama sabia a esa forma de vida. ¡Tomar decisiones sabias nos resulta en mejores cosas para nosotros! Aprendemos a vivir en el mundo de Dios y a vivir bien con los demás. Y, aprendemos a vivir como hijos de Dios. Él nos dio a alguien para enseñarnos a vivir de esta manera. Dios envió a su hijo, Jesús, para enseñarnos a vivir sabiamente.

¿Quién crees que es sabio? ¿Por qué crees que esa persona es sabia?

Semana 17, día 2

¡Reflexionemos!

Proverbios declara que Dios mantiene el mundo junto. Sin embargo, ¡el mundo se ha hecho pedazos! ¿Puedes armarlo otra vez? Corta estas 16 piezas y acomódalas para que el mundo esté bien otra vez.

Semana 17, día 3

Encuentra a Jesús en Proverbios

Jesús nos enseña a vivir sabiamente. Nos muestra que esto es vivir con respeto a Dios. Eso significa que trataremos de mejorar nuestra relación con él; leeremos la Biblia y trataremos de vivir como nos ha enseñado. Jesús también nos muestra que vivir sabiamente significa vivir con respeto a nosotros mismos. Dios piensa que somos especiales, por eso debemos tratarnos a nosotros mismos como tal y jamás debemos hacer algo que nos lastime. Además, Jesús nos muestra que vivir sabiamente también significa respetar al resto de la creación de Dios. Él lo ha creado todo; así que, ¡respetamos su creación cuando tratamos a Dios con respeto!

Jesús nos enseña mucho sobre la sabiduría de Dios que ¡hasta él es llamado sabiduría! Esto nos dice Pablo sobre Jesús en 1 Corintios 1.30: «Pero gracias a él ustedes están unidos a Cristo Jesús, a quien Dios ha hecho nuestra sabiduría». Así que, ¡ser más sabio es parecerse más a Jesús!

Califica tu sabiduría. A continuación, escoge un número en la escala que demuestre cuán sabio crees ser.

Luego, escribe algunas ideas para ser más sabio como Jesús.

0 1 2 3 4 5 6 7 8 9 10

¡Vamos a escribir!

En ocasiones, hacemos cosas sin pensarlas. ¡Esto puede traernos grandes problemas! ¿Qué pasaría si manejaras tu bicicleta sin poner atención por donde vas? ¡Ay! Tómate un tiempo para pensar en las cosas que haces. ¿Por qué las haces? Escribe tus ideas aquí.

....

....

....

Dios nos muestra la mejor manera de vivir, pero en ocasiones, las personas tratan de persuadirnos de no seguir las instrucciones de Dios. Hasta nos ponen sobrenombres o nos hacen la vida difícil. ¿Qué haces cuando esto ocurre? ¿Cómo te hace sentir esto?

....

....

....

Semana 17, día 5

¡Vamos a orar!

Querido Dios:

¡Gracias por crear un mundo tan maravilloso! Gracias por haberme creado. Por favor, ayúdame a aprender a vivir de manera sabia en tu mundo maravilloso. Gracias por enviar a tu propio Hijo, Jesús, para mostrarme cómo vivir. Ayúdame a entender lo que me enseña con su vida. Quiero vivir mi vida sabiamente como lo hizo Jesús. Sé que, si lo hago, viviré tal como tú me creaste; de manera que otras personas puedan ver la vida que quieres para ellos también. Te pido estas cosas porque creo en Jesús.

¡Amén!

El Libro de Proverbios instruye sobre la vida sabia. Aquí hay algunos proverbios que describen lo que significa vivir sabiamente. Búscalos y escríbelos para que puedas recordarlos.

Escribe Proverbios 6.6, que enseña sobre el esfuerzo en el trabajo.

....

Escribe Proverbios 16.20, que enseña sobre las personas que Dios bendice.

....

Escribe Proverbios 17.17, que instruye sobre cómo ser un buen amigo.

....

Escribe Proverbios 22.24, que advierte sobre el peligro de tener amistad con personas violentas.

....

¡Manos a la obra!

PROVERBIOS

La mayoría de las veces no podemos ver el orden que Dios ha establecido en el mundo. Así que, en ocasiones nos olvidamos de que Dios mantiene todas las cosas juntas y que él ha hecho que el mundo funcione como tal. Aquí tienes un proyecto que te recordará que Dios tiene el control. Puedes realizarlo al aislar algo de la naturaleza.

¡Puedes aislar la luz! Aquí tienes una forma fácil de hacerlo.

Necesitarás un vaso de cristal y una hoja de papel. En ocasiones, esto funciona mejor en un vaso de paredes rectas. Llena el vaso con un poco más de la mitad de agua. Sal o acércate a una ventana donde la luz del sol brille. Sostén el vaso de agua sobre el papel. ¡La luz del sol se dividirá en los colores del arcoíris! Tal vez necesites mover un poco el vaso de agua para poder verlo. Así, separarás la luz del sol en todos esos colores diversos. Esto sucede cuando la luz del sol pasa a través del agua. ¡Lo mismo ocurre cuando ves un arcoíris en el cielo! No siempre ves todos los colores porque se combinan para formar la luz del sol. Dios los mantiene juntos.

Traza cuadros en la parte inferior para mostrar los colores que viste.

Semana 18, día 1

¡Vamos a leer!

Dios nos invita a pensar en el propósito de la vida.

Supongamos que tienes 20 dólares. ¿Cómo los gastarías? Te gustaría gastarlos en algo bueno, ¿cierto? ¡Quisieras que tus 20 dólares valgan la pena! Si piensas en eso, también tienes una vida para gastarla. ¿En qué la estás gastando? ¿Es cierto que quieres que valga la pena? La persona que escribió el Libro de Eclesiastés pensó mucho en esto. Se lo llama Maestro. Él era muy importante y tenía tanto dinero que podía hacer lo que quisiera. Entonces, ¿cómo debería pasar su vida?

El Maestro pensaba que quizás la vida se trataba de aprender muchas cosas, pero se dio cuenta de que no es así. Luego, pensó que tal vez la vida se trata de diversión, pero ¡descubrió que tampoco era lo correcto! De manera que, trató de trabajar duro, enriquecerse y buscar agradar a las personas, pero ¡tampoco pudo encontrar el propósito de la vida en aquellas cosas! ¡Esto era frustrante!

Finalmente, el Maestro descubrió dónde podía encontrar el verdadero propósito de la vida y nos enseñó de qué se trata. No pudo encontrarlo de ninguna de las maneras que trató antes. Al final de su búsqueda, descubrió lo siguiente: que la vida solo tiene propósito cuando tenemos una relación con Dios. El Maestro concluyó que ¡todo lo demás es una pérdida de tiempo! Además, el Maestro lo sabía porque ¡ya lo había intentado todo!

¿De qué piensas que se trata la vida? ¿Por qué crees que Dios te puso aquí?

¡Reflexionemos!

Atraviesa el laberinto. Trata de encontrar tu camino al verdadero propósito de la vida.

ECLESIASTÉS

VERDAD

Relación con Dios

Semana 18, día 3

Encuentra a Jesús en Eclesiastés

Después de su búsqueda, el Maestro en Eclesiastés finalmente encontró la verdad. Aprendió que solo hay un propósito verdadero para la vida. Solo hay una cosa que hace que la vida valga la pena. Él descubrió que la vida solo tiene propósito cuando una persona tiene una relación con Dios. Y, ¡esa es la razón exacta por la que Jesús vino! Él vino para que pudiéramos tener esa relación con Dios. Cuando creemos en Jesús, ¡nos convertimos en hijos de Dios! Así, ¡tendremos una relación con Dios que durará para siempre! ¡Nuestras vidas siempre tendrán un significado pleno, propósito y bendición!

Jesús dijo: «Yo soy el camino, la verdad y la vida» (Juan 14.6). Esto significa que Jesús nos muestra el *camino* para tener un propósito en la vida. Ese propósito resulta de seguir en el camino que Jesús nos ha mostrado. Así también, él nos enseña qué es la *verdad*. Esto quiere decir que nos dice la verdad sobre nuestro propósito real en la vida y nos dice qué es la *vida*. Quiere decir que la vida real se encuentra solamente en la relación con Jesús. Él nos da la vida eterna y nos explica la forma de vivir como hijos de Dios. Jesús nos salva de aquellas cosas que temía el Maestro en Eclesiastés.

YO SOY EL camino, LA verdad Y LA vida –LE CONTESTÓ JESÚS–. NADIE LLEGA AL Padre SINO POR mí.

—Juan 14.6

¡Vamos a escribir!

Piensa en las cosas en tu vida que te hacen feliz. Escribe unas pocas en las líneas a continuación. Luego, piensa en lo que las haría desaparecer y anótalas en la segunda línea.

1. _____   _____

2. _____   _____

3. _____   _____

Una relación con Dios le da significado a tu vida. Dios envió a Jesús para que tengas una relación con él. Cuando crees en Jesús, tu relación con Dios dura para siempre. ¡Nada puede hacer que desaparezca! ¿Cómo te sientes al respecto? Escribe tus ideas aquí.

....

....

....

ECLESIASTÉS

¡Vamos a orar!

Querido Dios:

¡Gracias por darle significado y propósito a mi vida! Tú me has hecho tu hijo porque creo en Jesús. ¡Mi relación contigo durará para siempre! Nada puede desaparecerla. ¡Qué cosa tan maravillosa has hecho por mí! En la Biblia, me enseñas a vivir como tu hijo. Por favor, ayúdame a vivir así. Te pido esto porque creo en Jesús.

¡Amén!

Eclesiastés 3.12 dice: «Yo sé que nada hay mejor para el hombre que alegrarse y hacer el bien mientras viva». Haz una lluvia de ideas sobre cómo puedes hacer el bien y ser feliz mientras lo haces. Escribe una idea en cada sonrisa.

Semana 18, día 6

¡Manos a la obra!

Este proyecto te recordará en qué consiste Eclesiastés: en que una relación con Dios es lo único que importa. ¡Es lo único que durará para siempre! Todo lo demás pasará.

Consigue un vaso de vidrio transparente o un florero. Este contenedor representa tu vida. Ahora, escribe en pedazos de papel blanco las actividades que realizas en tu vida diaria; puede ser mirar la televisión, jugar con amigos, comer, ir a la escuela, practicar deportes, etc. Escribe una cosa en cada pedazo de papel y colócalos dentro de tu contenedor de vidrio.

Después, piensa cómo Dios puede ser lo más importante en tu vida. Escribe tus ideas a continuación. Luego, anota cada idea en una hoja de papel de diferente color al que usaste antes. El objetivo es reemplazar los papeles blancos en tu contenedor de vida con los papeles de colores. Por ejemplo, en lugar de mirar televisión cada noche por media hora, trata de leer la Biblia o este devocional. Aún puedes practicar deportes, pero ahora tratarás de ayudar a algún compañero en cada práctica. Trata de cambiar el color de los papeles en tu contenedor semanalmente.

....

....

....

....

....

Semana 19, día 1

¡Vamos a leer!

Dios nos enseña cómo el amor humano puede demostrarnos su amor por nosotros.

¿Te gusta mucho el béisbol? Más o menos. ¿Amas a tus padres? ¡Claro que sí! Estos tipos de amor no son los mismos, y hay un amor que es más importante, grande y asombroso que cualquier otro. ¡Ese es el amor que Dios tiene por nosotros!

Cantares es un poema de amor, y hay una razón por la que Dios puso este poema en la Biblia. Él quiere que tengamos una idea de su amor por nosotros, y ¡lo consigue al demostrarnos el maravilloso amor entre un esposo y su esposa! Los esposos solo quieren lo mejor el uno para el otro. Se aman completamente. ¡Su amor mutuo es maravilloso! Es el mejor amor que los seres humanos pueden sentir el uno por el otro, y ¡Dios quiere que nosotros sepamos que su amor por nosotros es aún más importante!

Dios es honesto y fiel con nosotros; él quiere cuidarnos, él desea acompañarnos y él anhela hacer cosas por nosotros. Solo quiere lo mejor para todos. ¡Nos ama por completo! ¡Su amor es maravilloso! De manera que, el amor descrito en Cantares es una imagen del amor de Dios por nosotros, y ¡él quiere que lo amemos de la misma manera!

¡Reflexionemos!

Descifra las palabras subrayadas para completar cada frase. ¡Estas frases muestran cómo es el amor de Dios por ti! Si te faltan pistas, lee Cantares 8.6-7.

El amor es fuerte como la <u>etuemr</u>.

__ __ __ __ __ __

El amor quema como <u>ooguf eedintra</u>.

__ __ __ __ __ __ __ __ __ __ __ __ __

Ni las muchas <u>gaaus</u> pueden apagarlo.

__ __ __ __ __

Ni los ríos pueden <u>tloinexuigr</u>.

__ __ __ __ __ __ __ __ __ __

Si alguien ofreciera todas sus <u>qizsuear</u> a cambio del <u>raom</u>.

__ __ __ __ __ __ __ __ __ __

Solo conseguiría el <u>sepcrdioe</u>.

__ __ __ __ __ __ __ __ __

CANTARES

117

Semana 19, día 3

Encuentra a Jesús en Cantares

Cantares nos muestra cómo es el perfecto amor entre un esposo y su esposa, pero el amor entre los seres humanos no siempre es perfecto. En ocasiones, no somos honestos y fieles los unos con los otros. Otras veces, pensamos más en nosotros mismos que en el resto. De vez en cuando, no queremos lo mejor para los demás y solamente queremos recibir cosas en lugar de darlas. Sin embargo, el amor de Dios por nosotros nunca es así. ¡Siempre es perfecto! Hasta es mejor que el amor perfecto entre esposos.

Dios envió a Jesús para mostrarnos su amor asombroso y perfecto por nosotros. ¡Jesús nos demostró cuánto nos ama Dios al dar su vida por todos! ¿Te gustaría morir para salvar la vida de alguien? De ser así, realmente debes amar a esa persona. De esa manera nos ama Dios. Jesús nos entregó todo lo que tenía y lo hizo para que tuviéramos vida eterna y para que tengamos una relación cercana con Dios para siempre. Ahora no hay nada que detenga el amor de Dios por nosotros ni nada que nos aparte de su amor. Gracias al amor que Dios nos tiene, podemos retribuir su amor.

Dibuja una cruz dentro del corazón. Luego, colorea tu dibujo. Este te ayudará a recordar cómo Jesús demostró su amor por nosotros.

¡Vamos a escribir!

El Libro de Cantares nos habla del gran amor de Dios. Nos dice que el amor de Dios es hermoso y asombroso, y que ¡nada en el mundo entero nos puede separar de su gran amor! Cuando crees en Jesús, ¡el gran amor de Dios es tuyo! Explica cómo te sientes al saber esto.

....

....

....

Piensa en algunas cosas que puedes hacer para demostrar el amor de Dios a los demás. Escribe unas ideas aquí.

....

....

....

CANTARES

¡Vamos a orar!

Querido Dios:

¡Tu amor por mí es asombroso! ¡Gracias por amarme tanto! Sé que nunca dejarás de amarme sin importar lo que pase, ya que enviaste a Jesús para que pudiera tener una relación contigo. ¡Gracias por amarme tanto! Ayúdame a amarte más y más. Pido esto porque creo en Jesús.

¡Amén!

¿Tienes dificultades para amar a alguien? Escribe aquí el nombre de esa persona.

· ·

Escribe cinco formas en que puedes mostrarle el amor de Jesús a esa persona. ¡Es probable que sea difícil, pero valdrá la pena!

· ·

· ·

· ·

· ·

· ·

Semana 19, día 6

¡Manos a la obra!

¡El amor es un hermoso regalo de Dios! Él nos mostró su amor al enviar a su Hijo, Jesucristo, a la tierra. Aquí tienes algo que puedes hacer que te ayudará a hablar con otras personas sobre el amor de Dios. Para este proyecto necesitarás un sobre y un lápiz o marcador. También necesitarás un abrecartas o unas tijeras.

Cuidadosamente, abre todas las solapas del sobre para que quede abierto y plano. Usa el abrecartas o las tijeras para ayudarte, pero no lo cortes.

En el centro del sobre abierto, escribe la palabra AMOR. En las solapas abiertas, escribe palabras que indiquen el significado del amor. Lee 1 Corintios 13.4-7 para más ideas.

Después, dobla las solapas para cerrar el sobre. Escribe JESÚS en las solapas cerradas. Esto quiere decir que Jesús nos muestra cómo es el amor de Dios.

Usa este sobre para que recuerdes el amor de Dios; cuando el sobre esté abierto, verás su amor en el centro. Cuando comienzas a creer en Jesús, su amor se coloca en el centro de tu vida. Todas las acciones que escribiste describen lo que es el amor de Dios, y todas deben ser parte de tu vida diaria. Ora a Dios cada día para pedirle que te ayude al respecto. ¡Dios quiere saber de ti porque te ama!

Semana 20, día 1

¡Vamos a leer!

El Dios santo invita a su pueblo a honrarlo.

¿Acariciarías a un lagarto? ¡Desde luego que no! ¿Invitarías a un oso pardo a cenar? ¡De ninguna manera! ¡Esa no es la manera correcta de comportarse con ellos! Al contrario, ¡debes alejarte lo que más puedas! ¿Cuál es la manera correcta de comportarse con Dios? ¿Alguna vez has pensado en eso?

Dios envió al profeta Isaías a enseñar a su pueblo cómo deben comportarse con Dios. Él les dijo que debían honrarlo con su manera de vivir. ¡Así, su pueblo podría tener la mejor vida posible! Sin embargo, el pueblo de Dios hacía lo contario. ¡Esa no era la manera correcta de tratarlo!

No obstante, Dios es tan maravilloso que prometió hacer algo para ayudar a su pueblo. Él sabía que ellos siempre tendrían problemas al servirle como debían, por eso enviaría a alguien en el futuro que lo haría por ellos. ¡Él sería el siervo perfecto! ¡Siempre haría lo correcto! Siempre trataría a Dios como santo, y ¡Dios consideraría ese comportamiento como nuestro! ¡Sería como si honráramos a Dios todo el tiempo! Además, este siervo sin defectos pagaría el precio por nuestro comportamiento equivocado con Dios. ¡Cuántas cosas perfectas haría este siervo admirable por nosotros!

Piensa cómo puedes tratar a Dios como santo y honrarle en tu vida diaria. Escribe tus ideas aquí.

¡Reflexionemos!

ISAÍAS

Los versículos en la parte inferior hablan de lo que las personas hacen para honrar o deshonrar a Dios. Busca los versículos y completa los espacios en blanco. Cuando hayas terminado, lee las palabras de arriba hacia abajo para encontrar una enseñanza dentro del mensaje.

Isaías 26.13 Pero solo a su nombre damos _____.

Isaías 29.13 Vi _____ _____ excelso y sublime, sentado en un trono.

Isaías 43.23 _____ ella me tocó los labios y me dijo: [...] _____ maldad ha sido borrada.

Isaías 38.16 Tu nombre y tu memoria son el deseo de nuestra _____.

123

Semana 20, día 3

Encuentra a Jesús en Isaías

Dios sabía que su pueblo siempre tendría problemas en honrarle como se debe, por eso prometió que enviaría a alguien en el futuro para que lo hiciera por ellos. Esa persona sería el siervo perfecto.

¡El siervo perfecto del que habla Isaías es Jesús! Jesús se convirtió en hombre para honrar a Dios en nuestro lugar. Él se hizo hombre para tomar el castigo de Dios por nosotros. Cuando creemos en Jesús, ¡Dios nos considera tan perfectos como Jesús!

Aun así, Dios quiere que le honremos, por eso envió al Espíritu Santo para ayudarnos a hacer lo correcto. Él nos ayuda a honrar a Dios. No lo honramos por miedo a su castigo, pues Jesús ya experimentó el juicio de Dios en nuestro lugar, sino que lo honramos porque lo amamos y queremos ser más como Jesús. Así, tendremos la mejor vida posible, y ¡eso es lo que Dios quiere para nosotros!

¿En qué áreas de tu vida puedes honrar a Dios de mejor manera? ¿Puedes honrarlo mejor cuando estás con tus amigos? ¿Puedes honrarlo mejor en la escuela? Escribe cinco ideas diferentes.

....

....

....

....

....

¡Vamos a escribir!

Dios quiere que lo honres, pero no por temor al castigo si no lo haces, sino porque en realidad deseas hacerlo. ¡Jesús ya pagó ese castigo en tu lugar! ¿En verdad deseas honrarlo? Escribe tus ideas aquí.

···

···

···

¡Imagina que Dios viene a visitarte y te acompaña durante todo el día! ¿Te comportarías de manera diferente? ¡Dios sí te acompaña todo el día! ¡Su Santo Espíritu está en ti! Piensa en algunas maneras de honrar a Dios con la forma en la que vives. Escríbelas aquí.

···

···

···

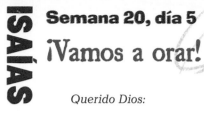

Semana 20, día 5

¡Vamos a orar!

Querido Dios:

¡Qué asombroso regalo me has dado en Jesús! Muchas gracias porque él sufrió para que yo no lo haga. Te mereces la honra porque eres santo y bueno. Te quiero honrar con mi forma de vivir, aunque es difícil hacerlo. Gracias por enviar a tu Espíritu Santo para ayudarme al respecto. Quiero ser más como Jesús. Por favor, ayúdame a honrarte como lo hizo Jesús. Te pido esto porque creo en él.

¡Amén!

Isaías 6.3 afirma: «Santo, santo, santo es el Señor Todopoderoso; toda la tierra está llena de su gloria».

Alrededor de las letras en la parte inferior, crea un diseño que demuestre esta idea.

Semana 20, día 6

¡Manos a la obra!

Honrar a Dios con nuestra vida suena como algo grande, y ¡así lo es! Sin embargo, las cosas grandes son más fáciles cuando las hacemos poco a poco. Aquí tienes una manera de honrar a Dios poco a poco.

Decide hoy hacer algo para honrar a Dios. No tiene que ser algo muy grande. Puede ser pequeño, pero debe ser algo que no haces usualmente. Por ejemplo, puedes limpiar después del desayuno sin que nadie te lo pida, decir algo bonito a tu hermano o limpiar tu habitación. Hay muchas cosas que puedes hacer.

Cada vez que haces algo para honrar a Dios, pon una moneda en una jarra o en una alcancía. Cada moneda significará que hiciste algo para honrar a Dios. Mira cuántas monedas puedes reunir en la semana. Luego, el domingo, pon las monedas que has reunido en la ofrenda de la iglesia. Esta será tu manera de decirle a Dios que lo honras. Solo tú y Dios lo sabrán.

JEREMÍAS

Semana 21, día 1

¡Vamos a leer!

Dios debe castigar nuestro pecado, pero aun así quiere una relación con nosotros.

El pueblo de Dios no lo escuchaba ni lo obedecía, por eso él envió al profeta Jeremías para pedirles que lo escucharan. Pero ¡ellos se comportaron como si no quisieran nada con él! Esto entristeció mucho a Dios, pues él los amaba. Entonces envió a Jeremías a darles malas noticias: los babilonios iban a atacarlos, y los iban a llevar lejos de su tierra. La vida iba a ser difícil para ellos.

Jeremías les dijo que no debía ser así; todavía había tiempo para que se volvieran a Dios. Aun así, ¡no escucharon a Jeremías! No pensaron que Dios castigaría su pecado. Así que, no le dejaron otra alternativa a Dios y envió a los babilonios en su contra. Los babilonios ganaron la batalla y los llevaron lejos de su tierra.

¿Alguna vez tus padres o un maestro te dijeron que no hicieras algo porque no era correcto? ¿Te negaste a escucharlos? ¿Cómo resultaron las cosas?

¡Reflexionemos!

JEREMÍAS

El profeta Jeremías nos habla de nuestra relación con Dios, pero la mayoría del tiempo usa una palabra diferente a «relación». Esta palabra significa una relación oficial y se trata de una relación bastante importante para Dios. Descifra la palabra en las letras a continuación.

O C P T A

¿Descubriste la palabra? Si no lo hiciste, aquí tienes una pista. La palabra se menciona tres veces en Jeremías 31.31-33.

Encuentra a Jesús en Jeremías

Dios sabía que el pueblo siempre tendría dificultades para hacer lo correcto, por eso envió al profeta Jeremías para hacerle una promesa a su pueblo. Él prometió enviar a un ser humano perfecto para que siempre hiciera lo correcto. Y todas las cosas correctas que esa persona hizo serían consideradas para todos los que creyeran en él. De esa manera, Dios tendría esa relación que siempre quiso con nosotros. ¡Esta fue una gran noticia!

¡Dios envió a su hijo, Jesús, para que fuera la persona perfecta! Jesús siempre hizo lo correcto, y todo lo que hizo cubrió a todos lo que creen en él, y así pueden estar seguros de que Dios los ama. En realidad, Dios considera como miembros de su familia a todos lo que creen en Jesús. Los llama sus hijos. Esto es lo que el apóstol Juan menciona en su evangelio. Esto dice Juan 1.12 sobre Jesús: «Mas a cuantos lo recibieron, a los que creen en su nombre, les dio el derecho de ser hijos de Dios».

¿Le has pedido a Jesús que perdone tus pecados? ¿Le has pedido ser parte de su familia? Si ya lo has hecho, comenta cuándo y cómo sucedió.

¡Vamos a escribir!

Dios envió a su hijo Jesús para tener una relación indestructible contigo. El pecado impide que tu relación con Dios avance, pero ni siquiera el pecado puede destruir esa relación. ¡Tú eres un hijo de Dios para siempre! Explica cómo te sientes al respecto.

....

....

....

Dios siempre perdonará tu pecado cuando se lo pides, pero en ocasiones, es posible que no te perdones a ti mismo cuando pecas. Algunas veces quizás tampoco perdones a los demás, incluso cuando ya te han pedido perdón. Piensa en algunas razones de por qué es difícil perdonarte a ti mismo y a los demás. Escríbelas aquí.

....

....

....

Semana 22, día 1

¡Vamos a leer!

Dios nunca nos abandonará, sin importar lo malas que parezcan las cosas.

El pueblo de Dios no lo escuchó, así que Dios no tuvo otra alternativa que enviar a los babilonios en su contra. Los babilonios les ganaron la batalla y los llevaron a una tierra lejana. Esto fue terrible para el pueblo de Dios.

Por esa razón se escribió el Libro de Lamentaciones. Lamentaciones significa «llanto». Y, ¡hubo mucho por qué llorar! ¡Todo parecía terrible! ¡El templo de Dios había sido robado y destruido! ¡El palacio del rey había sido robado y destruido! ¡Los muros de la ciudad habían sido destruidos! ¡Todas sus casas habían sido destruidas! Todo parecía perdido. Jeremías le dijo al pueblo que ¡Dios aún los amaba, a pesar de su pecado! No solo eso, sino que también Dios iba a hacer algo asombroso por ellos; iba a tener la relación que siempre quiso con ellos. Además, él iba a hacer algo completamente nuevo para conseguirlo. ¡Iba a enviar a Jesús!

El pueblo de Dios vivía terriblemente mal. Todo el tiempo se lamentaba. ¿Alguna vez te has sentido así?

Semana 22, día 2

¡Reflexionemos!

Lee el Libro de Lamentaciones. Es un poema largo. Luego, junto a cada lágrima, escribe una razón por la que el pueblo de Dios estaba triste. Usa las palabras de Lamentaciones como guía. Hemos hecho la primera para ayudarte a empezar.

«Todos sus perseguidores la acosan, la ponen en aprietos».
—Lamentaciones 1.3

....

....

....

....

....

....

....

....

....

....

....

....

....

....

135

Semana 22, día 3

Encuentra a Jesús en Lamentaciones

Jeremías lloró porque el pueblo de Dios pecaba y rechazaba a Dios. Sin embargo, Dios es un Dios de esperanza. Él da esperanza a su pueblo aun cuando los castiga. Jeremías recuerda a sus lectores la fidelidad de Dios, y en Lamentaciones 3.23-25 nos dice:

«Cada mañana se renuevan sus bondades;
¡muy grande es su fidelidad!
Por tanto, digo:
"El Señor es todo lo que tengo.
¡En él esperaré!"
Bueno es el Señor con quienes en él confían.
Con todos los que lo buscan».

¿Qué esperaba el pueblo de Dios? Esperaban a su libertador, Jesús.

El versículo anterior menciona que el amor de Dios es nuevo cada día. Mañana por la mañana, recuerda lo grande que es el amor de Dios. Haz esto apenas te despiertes. Debajo, escribe cuatro cosas que ves y sientes que te muestran el gran amor de Dios.

....

....

....

....

¡Vamos a escribir!

Lamentaciones es un poema triste. Está bien sentirse triste. Además, admitirlo ayuda a sentirse mejor, pero no es aconsejable estar así todo el tiempo. Cuando estés triste, trata de recordar todas tus bendiciones. A continuación, escribe un poema que te ayude a recordarlas en momentos de tristeza. Usa las letras de la palabra TRISTE y escribe junto a ellas lo que te entristece.

T _____

R _____

I _____

S _____

T _____

E _____

Ahora, usa las letras de la palabra BENDICIÓN para escribir sobre tus bendiciones. Esto concluirá tu poema.

B _____

E _____

N _____

D _____

I _____

C _____

I _____

Ó _____

N _____

Semana 22, día 5

¡Vamos a orar!

Querido Dios:

Yo sé que algunas veces hago lo incorrecto. Esas cosas me lastiman y me entristecen. Gracias por corregirme cuando hago eso. Sé que me corriges porque me amas. Por favor, ayúdame a mantenerme en el camino correcto. Pido esto porque creo en Jesús.

¡Amén!

Escribe una carta para animar a alguien que sabes que está triste. Usa alguna de las palabras de Lamentaciones o del poema que escribiste para ayudarte. Cuando termines, vuelve a escribirla en otro papel o en un correo electrónico y ¡envíala!

....

....

....

....

....

138

Semana 22, día 6

¡Manos a la obra!

Para que animes a los demás, escribe el siguiente versículo en el cuadro. Luego, decóralo. Haz copias y repártelo entre las personas que necesiten ánimo.

«Desde lo más profundo de la fosa invoqué, Señor, tu nombre, y tú escuchaste mi plegaria; no cerraste tus oídos a mi clamor. Te invoqué, y viniste a mí; "No temas", me dijiste».

Lamentaciones 3.55, 57

Semana 23, día 1

¡Vamos a leer!

La presencia de Dios es la clave de la vida.

¿Alguna vez olvidaste regar una planta? Después de un tiempo empieza a marchitarse. ¡Morirá pronto si no la riegas! La presencia de Dios con los seres humanos es como el agua para las plantas. ¡La necesitamos para vivir! Dios envió al profeta Ezequiel para decirle eso a su pueblo porque ellos no prestaban atención a su presencia y se habían alejado de él. Así que, empezaron a sentir las terribles consecuencias.

Ezequiel le suplicó al pueblo que se volvieran a Dios, pero se negaron. Así que, ¡Dios se apartó de ellos! Sin la presencia de Dios, su pueblo sería expulsado de su tierra y serían llevados a otras tierras en cautividad. ¡Ya no tendrían la vida maravillosa que Dios quería para ellos! Como una planta sin agua, ¡empezarían a morir!

Ezequiel también les habló sobre la gracia y la misericordia de Dios, y les recordó que era posible una nueva vida si se volvían a Dios. ¡Una vida llena de bendiciones que duraría para siempre!

Piensa en cómo te sentirías si Dios no estuviera presente en tu vida.

¡Reflexionemos!

¡Recibirás bendiciones si tienes la presencia de Dios en tu vida! Usa la «clave» en esta actividad para descubrir algunas de estas bendiciones. Cada versículo tiene palabras en las que faltan letras del término «clave». Lee el versículo en Ezequiel para ayudarte a encontrar la respuesta. Cuando lo hayas hecho, habrás desbloqueado una bendición.

1. **Ezequiel 16.62**
   Yo __stable__eré mi ali__nza contigo, y s__brás qu__ yo soy e __ Señor.

2. **Ezequiel 34.15**
   Yo mismo ap__cent__ré mi reb__ño, y lo __levaré a d__scans __r. Lo afirma e__ Señor omnipot__nte.

3. **Ezequiel 34.16**
   Bus__aré a las o__ejas perdidas, recog__ré a las extra__iadas, vend__ré a las heridas y forta__eceré a las débi__es, pero ext __rminaré a las o__ejas gordas y robust__s. Yo las pastor__aré con justi__ia.

4. **Ezequiel 36.27**
   Infundiré mi Espíritu en ust__des, y haré que sig__n mis pre__eptos y obedez__an mis __eyes.

5. **Ezequiel 37.26**
   Y haré __on ellos un pa__to de paz. S__rá un pacto et__rno. Haré que se mu__tipliquen, y p__ra siempre co__ocaré mi santuario en m__dio de ellos.

6. **Ezequiel 39.25**
   Por eso, así di__e el SEÑOR omnipot_nte: Ahora _oy a cambiar _a suerte de Ja_ob. Tendré comp_sión de todo el pu_blo de Israel, y ce__aré el prestigio de mi s_nto nombre.

Encuentra a Jesús en Ezequiel

La presencia de Dios es el único lugar donde encontramos la vida verdadera. En el Libro de Ezequiel, la presencia de Dios estaba en el templo. Sin embargo, Dios hizo que su presencia estuviera más cerca de su pueblo al volverse un ser humano como nosotros. La presencia de Dios estaba con nosotros en su hijo unigénito, Jesús. En Juan 1.4, el apóstol Juan nos dice esto sobre Jesús: «En él estaba la vida», y de este modo, el apóstol nos dice lo mismo que Ezequiel. Los seres humanos solamente pueden encontrar vida en la presencia de Dios. Además, Jesús es la presencia de Dios. Por lo tanto, la vida verdadera solo se encuentra en Jesús, y por esa razón, necesitamos tener una relación con él. Él nos ofrece esa relación cuando creemos en él. ¡Así obtenemos vida eterna!

Cuando piensas en tu relación con Jesús, ¿qué color viene a tu mente? Puedes usar la tabla de colores de Amori para ayudarte a responder. Luego, explica por qué escogiste ese color.

A continuación, dibuja algo para demostrar cómo te sientes con tu relación con Jesús. Asegúrate de usar el color que escogiste en alguna parte de tu dibujo..

¡Vamos a escribir!

En ocasiones, puedes ser como las personas a quienes les hablaba Ezequiel. Tal vez eres malo con los niños de tu vecindario, mientes a tus amigos o no quieres ir a la iglesia a exaltar a Dios. Cuando haces esto, te alejas de la presencia de Dios. Piensa en cómo se siente Dios cuando su pueblo se aleja de él. Escribe tus ideas aquí.

....

....

....

Cuando crees en Jesús, vives en la presencia de Dios. En realidad, ¡el Espíritu de Dios vive en ti! El Espíritu te acerca a Dios. Explica cómo te sientes al respecto.

....

....

....

EZEQUIEL

Semana 23, día 5

¡Vamos a orar!

Querido Dios:

Te amo y quiero vivir en tu presencia. Sé que allí encuentro la vida verdadera. Por favor, perdóname cuando hago cosas incorrectas y cuando me alejo de ti; y más bien ayúdame a tener una relación cercana contigo. Quiero enseñar a los demás la vida maravillosa que me das. Sé que tengo esta vida porque creo en Jesús, y porque creo en él, te pido estas cosas.

¡Amén!

¿En qué necesitas ser perdonado hoy? Escribe dentro del corazón. Reconoce que el amor de Dios perdona tus pecados.

144

Semana 23, día 6

¡Manos a la obra!

¡La presencia de Dios contigo es la clave de tu vida! ¡Sin ella no puedes tener vida verdadera! Este proyecto te lo recordará.

Sal y busca una piedra grande. Mueve la piedra a una esquina cubierta de césped en tu patio o jardín; déjala ahí y no la muevas por algunos días. Después de unos días, mueve la piedra. Observa lo que pasó con el césped debajo de ella: se habrá marchitado o se habrá vuelto amarillo. Si dejas la piedra por más tiempo, el césped morirá.

Lo mismo pasa en nuestra relación con Dios. Si nos alejamos de Dios, seremos como el césped bajo la piedra, separado de la vida que Dios quiere para nosotros. Por otro lado, si tienes una relación cercana con Dios, ¡tendrás la mejor vida posible! Serás como el césped que crece con el sol.

Toma esa piedra y decórala. Mantenla en tu habitación para recordar esta lección.

Semana 24, día 1

¡Vamos a leer!

**Dios nos muestra que tiene poder y
autoridad sobre los reinos humanos.**

Supongamos que alguien te lleva a algún lugar en un auto,
pero mientras conduce ¡retira sus dos manos del volante! ¿Te
sentirías a salvo y seguro? ¡Por supuesto que no!

En ocasiones, ¡parece que Dios tampoco tiene el control de la situación!
Lo mismo pensaron algunas personas del pueblo de Dios en el tiempo de
Daniel. Por eso, los babilonios les ganaron la batalla y se los llevaron prisioneros a Babilonia. Todo lo que el pueblo de Dios conocía, había cambiado;
habían perdido todo lo que tenían y se preguntaban si Dios todavía tenía
el control de la situación.

Dios usó a Daniel para llevar un mensaje importante a su pueblo y
al rey de Babilonia, y también le dio el mismo mensaje al rey persa que
llegó después. El mensaje de Dios para todos fue que ¡él tenía el control
y que siempre lo había tenido! Los reyes que gobernaban al pueblo de
Dios, en realidad, no estaban a cargo, ya que Dios es quien decide quién
reina y quién no. Incluso, esos reyes tuvieron que admitir que Daniel tenía
la razón. ¡Admitieron que Dios es más poderoso que cualquier otro rey o
reino! Además, ¡eso es verdad incluso cuando no lo parece!

**Piensa en las veces que tu vida parece fuera de control. ¿Cómo pue-
des recordar que Dios está al mando?**

¡Reflexionemos!

Aquí encontrarás palabras en pares. En cada par, una palabra es más poderosa que la otra. Encierra en un círculo la palabra más poderosa y luego escribe la primera letra de la palabra encerrada en las líneas en blanco a continuación. Anota las letras en orden desde el principio hasta el final de la lista.

Reyes o Dios
Iguana o Mosquito
Oso o Ratón
Cielo o Sol
Hormiga o Elefante
Saeta o Pajilla
Edificio o Choza
Hilo o Lana
Madera o Papel
Águila o Colibrí
Soga o Lana
Tijeras o Podadora
Río o Océano
Dinosaurio o Venado
Eucalipto o Rosal
Perro o Rinoceronte
Oro o Metal
Velero o Submarino
Oveja o Gato
Acero o cartulina

¡———— —— —— ——— —————————!

147

Semana 24, día 3

Encuentra a Jesús en Daniel

Aprendimos algo bastante importante en el Libro de Daniel: ¡no hay nada más poderoso que Dios! Esto se debe al poder y la autoridad que él tiene sobre todo rey y todo reino.

Y, ¡eso es exactamente lo que Dios hace a través de su hijo, Jesús! Él vino a la tierra con todo el poder y la autoridad de Dios. Jesús lo demostró al sanar a los enfermos y al liberar a las personas de los espíritus malos. Jesús demostró su poder al calmar el mar tormentoso. Además, ¡Jesús demostró su poder sobre la muerte!

Aquí tienes una actividad que te ayudará a recordar lo poderoso que es Jesús. Escribe algunas de las cosas poderosas que él ha hecho en los dedos de cada mano a continuación. Para ayudarte, busca en el Nuevo Testamento de tu Biblia. Encuentra los títulos que hablen del poder de Dios. Los títulos están en negrita. Para empezar, busca Mateo 8, Marcos 5, Lucas 9 y Juan 11.

148

¡Vamos a escribir!

DANIEL

El Libro de Daniel nos enseña que Dios tiene el control. ¡Dios tiene el poder y la autoridad sobre todas las cosas! Él siempre tiene y tendrá el control, y le ha dado el mismo poder y la misma autoridad a Jesús, su hijo. Escribe cómo te sientes al respecto.

....

....

....

    Es posible que en ocasiones te sea difícil creer que Dios tiene el control. Daniel confió en que Dios le daría la fortaleza para hacer lo correcto. Cuando crees en Jesús, también te da la fortaleza para hacer lo correcto. Explica cómo te sientes al saber esto.

....

....

....

Semana 24, día 5

¡Vamos a orar!

Querido Dios:

¡Tú tienes todo el poder y la autoridad en el cielo y en la tierra! Tú gobiernas a todos los reyes y las naciones. ¡Eres más poderoso que cualquier otra cosa! ¡Es asombroso! Sin embargo, en ocasiones las cosas no me salen bien, y no siempre recuerdo que tienes el control. Por favor, ayúdame a confiar en tu poder y tu autoridad. Ayúdame a recordarlo, especialmente, durante los tiempos difíciles. Te pido esto porque creo en Jesús.

¡Amén!

Colorea esta paráfrasis de Daniel 6.10 para que recuerdes orar continuamente.

Daniel se fue a su casa y subió a su DORMITORIO; se arrodilló y se puso a ORAR y ALABAR a Dios, tres veces al día. (Daniel 6.10)

¡Manos a la obra!

Tendrás que ir al patio de tu casa para este proyecto que te ayudará a recordar que Dios es más poderoso que cualquier otra cosa. Busca dos rocas; asegúrate de que una sea más grande que la otra. ¿Cuál te parece más poderosa? ¡Desde luego que la más grande! La roca grande es como las cosas grandes y malas que nos suceden. La roca pequeña es como nosotros. Supongamos que nos olvidamos de que Dios tiene el control. Las cosas grandes y malas que nos suceden ¡parecen ser más poderosas que nosotros!

Levanta las dos rocas al mismo tiempo. Sostenlas al nivel de tu pecho y asegúrate de que estén a la misma altura. Déjalas caer al mismo tiempo. ¿Cuál crees que tocará primero el piso? ¿Te sorprendes de lo que pasó?

La gravedad hace que las dos rocas caigan a la misma velocidad. ¡Eso pasa aun cuando la roca más grande parece más poderosa que la pequeña! Dios creó la gravedad, así que ¡él es aún más poderoso! Entonces, recuerda esto la próxima vez que algo parezca más poderoso que tú. ¡Dios es más poderoso que cualquier otra cosa y te ama! ¡Por eso envió a Jesús!

¡Reflexionemos!

En esta actividad descubrirás las palabras que Oseas usa para dar el mensaje de Dios a su pueblo. Busca cada versículo y completa los espacios en blanco. Luego, usa las palabras que encuentres para completar el crucigrama.

Horizontal

2. Ya no hay entre mi pueblo _____ ni amor (Os 4.1).
6. Con su _____ deleitan al rey (Os 7.3).
9. Ciertamente son _____ los caminos del Señor (Os 14.9).
10. Volverán a _____ bajo mi sombra (Os 14.7).
13. Han llegado los días del _____ (Os 9.7).
14. Por eso, yo los _____ a todos (Os 5.2).
15. Cunden, más bien, el perjurio y la _____ (Os 4.2).

Vertical

1. Judá anda errante, _____ de Dios (Os 11.12).
3. Yo bien podría _____ (Os 7.13).
4. La _____ de Israel testifica en su contra (Os 7.10).
5. ¡Soy yo quien te responde y _____ de ti! (Os 14.8).
7. Perdónanos nuestra _____ (Os 14.2).
8. Yo corregiré su rebeldía y los _____ de pura gracia (Os 14.4).

9. Puesto que rechazaste el conocimiento, yo también te _____ (Os 4.6).

11. Israel es tan _____ como una novilla (Os 4.16).

12. Pero no daré rienda suelta a mi _____ (Os 11.9).

Semana 25, día 3

Encuentra a Jesús en Oseas

Oseas amaba a su esposa Gómer, ¡a pesar de que lo había traicionado! De la misma manera, Dios nos ama, aun cuando no somos fieles a él. Por su amor, nos envió a su hijo, Jesús, que fue completamente fiel con Dios. De esta manera, Jesús asumió todo el juicio que nosotros merecíamos.

Oseas y Gómer tuvieron tres hijos. Sus nombres parecen graciosos, pero significan algo importante y nos enseñan más sobre Jesús. El nombre del primer hijo de Oseas es Jezrel y significa «Dios dispersa». Dios dispersó a Israel por su falta de fidelidad, pero gracias a Jesús, ¡Dios no nos dispersará! El nombre del segundo hijo de Oseas es Lorrujama y significa «indigna de compasión». Dios tuvo que tratar a sus hijos como si no los amara porque ellos no eran fieles, pero por la fidelidad de Jesús, ¡Dios siempre nos tratará con amor! El nombre del tercer hijo es Loamí y significa «pueblo ajeno». El pecado de Israel hizo que Dios los trate como si ya no fueran especiales, pero ¡Jesús nunca pecó! De esta manera, todos los que creen en Jesús siempre serán llamados «pueblo de Dios».

¿Alguna vez te has preguntado qué significa tu nombre? Busca su significado y escríbelo a continuación.

OSEAS

¡Vamos a escribir!

En ocasiones, parece difícil ser fieles a Dios. Queremos hacer las cosas a nuestra manera, en lugar de la de Dios. Piensa en cómo te has alejado de Dios. Tal vez no siempre has dicho la verdad o quizás has desobedecido a tus padres de vez en cuando. ¿Cómo te sientes al saber que eso entristece a Dios?

....

....

....

Dios castigó a Israel cuando no fueron fieles, pero ¡nunca dejó de amarlos! Además, Dios los reestableció en una relación correcta con él. Jesús pagó el precio por todas las veces que no somos fieles a Dios y, cuando creemos en Jesús, él restaura nuestra relación con Dios. Por lo que Jesús hizo, Dios nunca nos deja de amar. ¿Cómo te sientes al saber esto?

....

....

....

157

Semana 25, día 5

¡Vamos a orar!

Querido Dios:

Tú me has prometido que nunca dejarás de amarme. Sin embargo, muchas veces yo actúo como si no te amara. Peco tan a menudo que siento que no me puedes amar, pero, aun así, ¡me amas! Gracias por amarme tanto y por enviar a Jesús para que yo pueda tener una relación cercana contigo siempre. Pido esto porque creo en Jesús.

¡Amén!

Por cada letra de la palabra «fidelidad» escribe una forma de demostrarle tu fidelidad a Dios. Cada una debe empezar con las letras a continuación. ¡Sé creativo!

F _____

I _____

D _____

E _____

L _____

I _____

D _____

A _____

D _____

¡Manos a la obra!

Este proyecto te recordará el mensaje de Oseas.

Ve a tu habitación y enciende las luces. Luego, entra en tu armario. Asegúrate de apagar la luz, en caso de haber una. Coloca una manta o una toalla debajo de la puerta para que la luz no pueda entrar. ¡Estará muy oscuro ahí dentro! ¿Puedes ver algo? ¡Ni quisiera podrás ver tu mano frente a tu cara! Quédate en el armario por unos minutos y luego regresa donde haya luz. Cuando salgas, ¡es probable que tengas que parpadear! ¡La luz te parecerá brillante y muy maravillosa!

La esposa de Oseas había hecho algo parecido, al igual que el pueblo de Dios, a quienes Oseas les habló porque se habían alejado de Dios. Habían dejado sus instrucciones. Esas instrucciones eran la luz en medio de la oscuridad, pero ellos ya no querían esa luz. Es como si ellos hubieran entrado en el armario y cerrado la puerta a Dios, pero él seguía allí. Su amor todavía brillaba para ellos; solamente tenían que salir de la oscuridad para ver lo brillante que era el amor de Dios.

¡Vamos a leer!

El día del Señor trae juicio y bendición.

Supongamos que tus padres te piden que limpies tu habitación. Dijiste que lo harías, pero te olvidaste. Tal vez querías jugar videojuegos y perdiste la noción del tiempo. ¿Qué crees que tus padres dirían al ver que no has limpiado tu habitación? ¿Qué hubiera pasado si *hubieras* limpiado tu habitación como te pidieron? Entonces, ¿cómo se habrían sentido?

El profeta Joel le dijo al pueblo de Dios que no hicieron lo que Dios les pidió. Dijeron que lo harían, pero no lo hicieron. Estaban bastante ocupados mientras disfrutaban las cosas maravillosas que Dios les había dado. Así que, Dios empezó a llevarse esas cosas y les recordó que todo lo bueno proviene de él. También les recordó lo malas que serían las cosas si se apartaban de su cuidado. Esta fue una lección dura de aprender. El tiempo cuando Dios les enseñó esta lección se llamó «el día del Señor».

Si el pueblo tiene una relación cercana con Dios, ¡el día del Señor es una buena noticia! Es cuando Dios tiene más bendiciones para ellos. Sin embargo, supongamos que se alejaron de Dios o lo olvidaron; supongamos que nunca tuvieron una relación con Dios. Entonces, ¡el día del Señor es una mala noticia! Es el tiempo del juicio de Dios. ¡Dios quiere que el día del Señor sea una buena noticia para todos!

¿Para ti, el día del Señor es una buena o una mala noticia? ¿Por qué piensas eso?

¡Reflexionemos!

JOEL

Lee cada pista y escribe la respuesta en las líneas. Observa el número debajo de cada letra de la respuesta. Escribe esas letras en los cuadros numerados que corresponden en el juego de palabras. Trata una y otra vez hasta que lo resuelvas. Puedes encontrar la respuesta en Joel 2.12.

1. Lo opuesto a viejo. $\overline{14}\ \overline{2}\ \overline{6}\ \overline{1}\ \overline{16}$

2. Entregar algo que te han prestado. $\overline{42}\ \overline{8}\ \overline{5}\ \overline{18}\ \overline{4}\ \overline{32}\ \overline{37}\ \overline{41}$

3. Aquello con lo que te alimentas. $\overline{12}\ \overline{13}\ \overline{10}\ \overline{11}\ \overline{17}\ \overline{9}$

4. Cuando se pone el sol. $\overline{34}\ \overline{15}\ \overline{24}\ \overline{23}\ \overline{30}\ \overline{3}\ \overline{21}\ \overline{43}$

5. Un recipiente grande. $\overline{7}\ \overline{40}\ \overline{25}\ \overline{26}\ \overline{35}$

6. Pronombre personal. $\overline{39}\ \overline{20}$

7. Cuando los sonidos están en armonía. $\overline{19}\ \overline{22}\ \overline{27}\ \overline{36}$

8. Ayer me enfermé y $\overline{28}\ \overline{29}\ \overline{38}\ \overline{33}\ \overline{31}$ mucho.

1	2	3	4	5	6	7	8		9	
10	11		12	13	14		15	16	17	18
	19	20		21	22	23	24	25	26	27
28	29	30	31	32	33	34		35	36	
	37	38		39	40	41	42	43		

161

JOEL

Semana 26, día 3

Encuentra a Jesús en Joel

Dios quiere que todos tengamos bendiciones en lugar de juicio. Por eso, ¡envió a Jesús para que esto sea posible! Jesús pagó el precio de todas las veces que no hacemos lo que Dios nos pide. Además, cuando creemos en Jesús, el precio que él pagó se considera como nuestro. Jesús también hizo algo más por nosotros: hizo todo lo que el Padre le pidió. Cuando creemos en él, ¡todo lo que él hizo también se considera como nuestro! De esa manera podemos tener la relación cercana que Dios quiere tener con nosotros sin preocuparnos del juicio en el día del Señor.

El día del Señor es el tiempo cuando Jesús regresará y hará algo respecto a la forma en que las personas han tratado a Dios. ¡El día del Señor será una buena noticia para todos los que confían en Jesús! Ese día, Dios les dará todo lo maravilloso que les ha prometido. ¡Será un día de celebración!

¿Cómo crees que será el día del Señor? Escribe palabras que describan ese día en los rayos que salen de las nubes.

162

¡Vamos a escribir!

Dios quiere tener una relación cercana contigo. En ocasiones, Dios hace cosas para que lo recuerdes. En el tiempo del profeta Joel, Dios usó una terrible plaga de langostas para recuperar a su pueblo. ¿Qué usa Dios en tu vida para que recuerdes su amor por ti? Escribe tus respuestas.

....

....

....

   Dios nos muestra su amor de varias formas; la más grande fue cuando envió a su hijo Jesús porque él desea que jamás olvidemos lo mucho que nos ama. ¿Qué puedes hacer para recordar que Dios te ama? Escribe algunas ideas.

....

....

....

¡Vamos a orar!

Querido Dios:

¡Tú me amas mucho! Sin embargo, a menudo me olvido de agradecerte por todo lo que has hecho por mí. Me olvido de pasar tiempo contigo. Me olvido de leer la Biblia o de orar. Me amas tanto que enviaste a tu propio hijo para pagar el precio de mi pecado. Tú quieres que el día del SEÑOR sea un día de bendición para mí y no de juicio. Quieres tener una relación cercana conmigo; ayúdame a anhelarla también. Te pido esto porque creo en Jesús.

¡Amén!

Esta semana, registra el tiempo que inviertes con Dios. Anota el tiempo que pasas en oración con él, el tiempo que lees y estudias su Palabra y el tiempo que pasas en la iglesia. ¡Hay muchas maneras de pasar tiempo con Dios!

....

....

....

....

....

Semana 26, día 6

¡Manos a la obra!

Para el pueblo de Dios era difícil entender lo que Joel les decía. Ellos pensaban que el día del Señor solo se trataba de bendiciones para ellos. Creían que no debían preocuparse, pero algunos de ellos no confiaban en Dios. ¡Debieron pensar en el juicio, en lugar de la bendición! ¡Estaban confundidos!

Aquí tienes algo divertido que puedes usar para recordar el mensaje de Joel. Copia o recorta las dos tiras a continuación. Pégalas la una contra la otra para hacer un separador de libros. Colócalo en el Libro de Joel en tu Biblia para que, cada vez que lo leas, recuerdes el mensaje del profeta. Joel habla sobre la «bendición» para los que confían en Dios y el «juicio» para los que no confían.

Semana 27, día 1

¡Vamos a leer!

Dios quiere que nos tratemos los unos a los otros como él lo hace.

¿Eres miembro de algún equipo? Tal vez juegas fútbol o voleibol. Aunque no seas parte de un equipo, quizás conoces a personas que sí lo son. Estas personas a menudo usan uniformes, y ese uniforme muestra a los demás que son parte de un equipo.

Dios envió al profeta Amós a decir a su pueblo que, ¡también tienen uniformes! Aunque su uniforme no se trataba de ropa. ¡Se trataba de su manera de vivir! Las personas deben ver que estamos en el equipo de Dios por lo que hacemos, pero Amós tuvo que decirle al pueblo de Dios que, ¡no usaban sus uniformes! ¡Nadie podía percibir que eran el pueblo de Dios por su manera de vivir! Eran egoístas y codiciosos; eran malos entre ellos y con las personas a su alrededor. No obedecían a Dios y realmente no eran sinceros al adorarlo.

Dios envió al profeta Amós para recordar a su pueblo cómo debían comportarse. ¡No podían recibir las bendiciones de Dios si no querían estar en su equipo! Así que, su nación sería destruida y serían llevados a otro país. Aun después de todo eso, ¡Dios todavía los amaba!

¿Cómo demuestras que estás en el equipo de Dios?

¡Reflexionemos!

AMÓS

Cuando estás en el equipo de Dios, tu vida debe *reflejar* a Dios. ¡Esta actividad te lo recordará! Cada línea de letras a continuación no tiene sentido, pero eso cambia cuando las miras frente a un espejo. Sostén esta página frente al espejo. Lee las formas en las que puedes demostrar la verdad sobre Dios. Tendrás que descubrir dónde debes dividir la oración en palabras. ¡Cada línea te dirá algo que Dios hace y que tú también puedes hacer!

SIEMPRESÉFIEL

HAZLOCORRECTOYBUENO

SÉHONESTOCONTODOS

AMA

SÉJUSTO

AYUDAALOSDEMÁS

SÉBUENOYPRESTOAPERDONAR

167

Semana 27, día 3

Encuentra a Jesús en Amós

Parece que el profeta Amós no tenía nada más que malas noticias para el pueblo de Dios. No demostraban la verdad de Dios con su vida; así que, serían castigados. A pesar del castigo, todavía les daba esperanza debido a su amor y su misericordia. Así, Dios prometió que un día los llevaría de regreso a su tierra; reconstruirían todo y vivirían en una nueva comunidad. La promesa de Dios a Israel era para otro tiempo. ¡Ese tiempo cuando Jesús vino a la tierra para establecer una nueva comunidad de creyentes!

Jesús mostró a esa nueva comunidad cómo deben vivir y tratarse unos a otros, y ¡él fue un perfecto ejemplo! Las acciones y las emociones de Jesús nos demostraron el gran cuidado amoroso de Dios, su misericordia y su justicia. Cuando creemos en Jesús, nos hacemos miembros de esa nueva comunidad. ¡Nos hacemos miembros del equipo de Dios! Debemos mostrar a los demás el amor de Dios, su misericordia y su justicia en todo lo que decimos y hacemos.

Usa el espacio a continuación para dibujar cómo puedes demostrar a los demás el amor, la misericordia y la justicia.

¡Vamos a escribir!

Amós relata las cosas malas que hacían los israelitas. No se tenían respeto mutuo, eran malvados y se peleaban entre ellos. Sus vidas no agradaban a Dios. ¿Qué pensarías si vieras a alguien que actúa así? Escribe tu opinión a continuación.

....

....

....

¿Cómo tratas a tus hermanos y a los niños en tu clase en la escuela o en la iglesia? ¿Eres bueno con ellos? ¿Peleas con ellos? ¿Los ignoras porque te crees mejor que ellos? ¿Qué piensas que Amós te diría sobre eso? Escribe tus ideas aquí.

....

....

....

Semana 27, día 5

¡Vamos a orar!

Querido Dios:

No siempre trato bien a mis amigos. Quiero todo a mi manera y me enfoco solo en mí. En ocasiones, no me preocupo de los demás como se debe. Por favor, perdóname por eso. Gracias por enviar a Jesús y por su ejemplo para mí. Él me enseña cómo ser bueno y cariñoso. Ayúdame a vivir de manera que los demás puedan ver tu amor, tu cuidado y tu misericordia en mí. Pido esto porque creo en Jesús.

¡Amén!

¿Cómo puedes recordar que tienes que cuidar de los demás? Escoge un día de la semana que será tu día específico para orar por otros. Piensa en algunas personas por las que te gustaría orar. Escribe sus nombres en las líneas a continuación. Ora por cada persona en ese día de la semana, y añade más semanas, líneas y nombres.

Día 1: _____

Día 2: _____

Día 3: _____

Día 4: _____

Día 5: _____

¡Manos a la obra!

Dios quiere que demostremos la verdad sobre él. ¡Aquí tienes una manera divertida de hacerlo! Necesitarás dos o más personas para jugar. Escribe estas palabras en diez pedazos pequeños de papel: amor, justicia, verdad, amabilidad, lealtad, honestidad, bondad y perdón. Cada palabra describe una verdad sobre Dios. Ahora dobla los papeles y mézclalos. Forma dos grupos.

Cada equipo escoge cinco papeles. ¡Asegúrate de no ver lo que tienen escrito! Toma turnos para jugar. Cuando sea su turno, el equipo escoge un actor. El actor elige un papel. Después de leer el papel, utiliza el temporizador. El actor debe usar todo su cuerpo para deletrear la palabra que escogió. ¡No se vale usar solo las manos! Forma una letra a la vez. Todo el resto del equipo tiene que adivinar la palabra que el actor deletrea. Cuando la adivinen, detengan el temporizador. Registren el tiempo que le tomó adivinar la palabra a cada equipo. Tomen turnos una y otra vez hasta que los dos equipos adivinen las cinco palabras. Suma todo el tiempo que le tomó a cada equipo adivinar sus palabras. ¡El equipo con menos tiempo gana!

En este juego, demuestras a los demás las verdades sobre Dios. ¡Él quiere que lo hagas diariamente!

¡HOLA! ¡ENCANTADO DE CONOCERTE!

171

Semana 28, día 3

Encuentra a Jesús en Abdías

Los edomitas juzgaban injustamente al pueblo de Dios porque desconocían todo lo que Dios estaba haciendo. De todos modos, ¡los edomitas no tenían el derecho de juzgar a nadie! Eso le corresponde solamente a Dios.

También las personas juzgaron injustamente a Jesús. No entendieron quién era, y no vieron el panorama completo. Así que, lo juzgaron según su propio entendimiento, pero ¡su propio entendimiento estaba equivocado! Jesús no comete este mismo error. Él no trata de vengarse de las personas que fueron malas con él. Al contrario, él confiaba en que Dios lo juzgaría con justicia. En 1 Pedro 2.23, el apóstol Pedro describe lo que Jesús hizo de la siguiente manera: «Cuando proferían insultos contra él, no replicaba con insultos; cuando padecía, no amenazaba, sino que se entregaba a aquel que juzga con justicia».

Piensa en alguien a quien juzgaste injustamente. No tienes que escribir su nombre, pero piensa en algunas razones de haberlo hecho. Escríbelas en los cuadros pequeños de la izquierda. En el cuadro de la derecha, escribe cómo puedes pensar en ellos de una manera más justa. Asegúrate de escribir más cosas positivas que negativas.

¡Vamos a escribir!

Piensa en una ocasión en que alguien dijo una mentira sobre ti. Tal vez pensaron que eras malo, pero no fue así. Quizás pensaron que dijiste algo negativo sobre ellos, pero no fue cierto. ¿Cómo te sentiste? Escribe tu respuesta aquí.

....

....

....

Ahora, ¿qué me dices sobre ti? Tal vez, tú le has hecho lo mismo a alguien. Quizás, creíste algo sobre alguien y luego te diste cuenta de que no era cierto. ¿Cómo te sentiste? Escribe aquí.

....

....

....

Semana 29, día 1

¡Vamos a leer!

El amor de Dios y el cuidado por su pueblo no tienen límites.

¿Alguna vez alguien hizo algo realmente malo contigo, tu familia o tus amigos? ¡Tal vez deseaste que les pase algo malo a esas personas! Si alguna vez pensaste así, entonces puedes entender cómo se sentía el profeta Jonás.

Los asirios eran malvados con los israelitas, pero Dios le pidió a Jonás que fuera a la ciudad capital, llamada Nínive, para predicarles. Dios quería que dejaran de pecar para poderlos bendecir. Sin embargo, Jonás no quería que Dios bendijera a los asirios, sino ¡que los castigara! De manera que, Jonás trató de escapar en un barco, pero Dios desató una tormenta que detuvo a la embarcación. Luego, Dios hizo que un enorme pez tragara a Jonás. Después de tres días, el pez llevó a Jonás de vuelta a tierra firme y lo escupió; entonces se levantó, se limpió e hizo lo que Dios le ordenó: fue donde los asirios y les pidió que dejaran de pecar. Luego, ¡algo asombroso pasó! Los asirios escucharon a Jonás e ¡hicieron lo que les pidió!

¡Jonás no estaba feliz con esta situación! Así que, Dios decidió que Jonás necesitaba aprender algo más: necesitaba aprender que Dios quiere bendecirnos, a pesar de que todos merecemos ser castigados por nuestras faltas. Además, si Dios nos bendice, ¿por qué no bendecimos a los demás también? El amor y el cuidado de Dios por su pueblo no tiene límites.

Dios quiere bendecir a todos; incluso a las personas que quizás no nos agradan. ¿Cómo te sientes al respecto?

¡Reflexionemos!

JONÁS

Jonás trató de limitar el amor de Dios; así que huyó en un barco, pero los marineros lo arrojaron al mar Mediterráneo. ¿Cuántas palabras puedes encontrar en la palabra MEDITERRÁNEO? Enumera todas las palabras con tres letras o más que puedas encontrar. ¡Hay muchísimas! ¡Prueba tus límites!

MEDITERRÁNEO

_____ _____ _____ _____

_____ _____ _____ _____

_____ _____ _____ _____

_____ _____ _____ _____

_____ _____ _____ _____

_____ _____ _____ _____

_____ _____ _____ _____

_____ _____ _____ _____

_____ _____ _____ _____

_____ _____ _____ _____

_____ _____ _____ _____

Semana 29, día 3

Encuentra a Jesús en Jonás

Dios le mostró a Jonás que todos merecemos el juicio y la bendición de Dios. Si Dios solo bendijera a los que se lo merecen, ¡entonces nadie sería bendecido! Sin embargo, ¡Dios es muy maravilloso y bueno! Él buscó la manera de castigarnos por nuestros pecados y ¡a la vez bendecirnos! Eso nos muestra lo mucho que Dios nos ama y que quiere una relación cercana con nosotros.

Dios nos mostró cuánto nos ama al enviarnos a su hijo, Jesús. Al igual que Jonás, Jesús vino a pedirnos que nos alejemos del pecado y nos volvamos a Dios. Sin embargo, contrario a él, Jesús no huyó de su tarea. Él nos mostró el amor de Dios a pesar de todo lo malo que habíamos hecho. No solo eso, sino que experimentó el castigo que todos nos merecemos. Lo hizo así para que Dios nos bendiga cuando confiemos en Jesús. ¡Qué asombroso! ¡No hay límites para el amor de Dios!

Piensa cómo puedes compartir con los demás sobre Jesús. Escribe tus ideas en las burbujas.

¡Vamos a escribir!

Piensa en todas las cosas malas que has hecho en tu vida. Es difícil que pienses que Dios te ama, pero ¡sí, te ama! En realidad, te ama tanto que ha enviado a su hijo a morir por ti. A continuación, escribe cómo te sientes al respecto.

....

....

....

Tal vez has tenido momentos difíciles con algunas personas. Quizás, ellos te han hecho cosas malas, de manera que no quieres ser bueno con ellos. Sin embargo, tú le has hecho lo mismo a Dios y, aun así, ¡él te ama! ¿Cómo puedes mostrar el amor de Dios a las personas con las que has tenido problemas? Escribe tus ideas aquí.

....

....

....

181

¡Vamos a orar!

Querido Dios:

En ocasiones, he sido como el profeta Jonás. Estoy feliz porque me amas, pero no me alegro de que ames a otras personas. Yo sé que esto no es correcto. Tu amor no tiene ningún límite. Lo único que tenemos que hacer es creer en Jesús; él es el único que es perfecto para poder representar a todos nosotros, los que no lo somos. Por favor, ayúdame a ser más como tú. Ayúdame a no ponerle límites a mi amor. Te pido esto porque creo en Jesús.

¡Amén!

Quizás, algunas veces no queremos que Dios bendiga a otras personas; pero, al leer sobre Jonás, sabemos que Dios quiere bendecir a todo aquel que le pida perdón. Piensa en las personas a las que no te gustaría que Dios bendiga. Escribe sus nombres en el corazón a continuación. Enfoca tu oración en esas personas durante esta semana. Ora para que ellos pidan a Dios perdón de su pecado. De esta manera, ¡Dios los bendecirá, así como lo ha hecho contigo!

Semana 29, día 6

¡Manos a la obra!

El profeta Jonás trató de limitar el amor de Dios. Jonás quería que Dios amara solo a las personas que pensaba que lo merecían; pero ¡nadie merece el amor de Dios! Dios ama a las personas que no se lo merecen; y, ¡esto incluía a Jonás! Jonás necesitaba aprender que el amor de Dios para los demás no tiene límites.

Este proyecto te recordará lo que Jonás necesitaba aprender. Toma una botella vacía de plástico y llénala con agua. Llénala hasta el tope y ponle la tapa. Asegúrate de apretarla bien. Luego, coloca la botella en el congelador. Déjala allí por una noche.

En la mañana siguiente, mira lo que ha pasado con la botella.

Cuando el agua se congela, se expande; pero no había espacio para que se expanda dentro de la botella. Tal vez, la botella reventó o se expandió hacia los lados o hacia la parte inferior. ¡El amor de Dios es como el agua! En ocasiones, puedes creer que algunas personas no merecen el amor de Dios. Si es así, recuerda lo que le pasó a la botella que pusiste en el congelador. Algunas cosas no se pueden detener; no tienen límites. ¡Así es el amor de Dios!

183

Semana 30, día 1

¡Vamos a leer!

Dios debe castigar a su pueblo cuando le desobedecen, pero aun así los bendecirá.

¿Alguna vez has tenido caries en algún diente? Puede doler mucho. Cuando tienes caries, tienes que ir al odontólogo para que arregle tu diente, y tendrás que experimentar algo de dolor. Si no haces algo al respecto, ¡el problema podría empeorarse!

Dios envió al profeta Miqueas a decirle algo parecido a su pueblo. Miqueas tenía que decirles que su comportamiento era terrible. Así como las caries, se tenía que hacer algo al respecto; pero, su comportamiento era peor que eso. ¡Miqueas lo describe como una plaga! En Miqueas 1.9 puedes leer sobre esto. Dios pudo haber dejado que su pueblo sufra por su pecado, pero los amaba demasiado para permitirlo.

Miqueas tenía un mensaje para el pueblo de Dios. Les dijo que Dios permitiría a otra nación que tenga la victoria sobre ellos, para que fueran llevados como prisioneros a otra nación. Esto sería muy doloroso, pero era la única forma de llamar su atención y de hacer que regresaran a él. Sin embargo, Dios también habla sobre la maravillosa bendición que vendría después del castigo por su pecado. Él mostraría compasión y los bendeciría una vez más. ¡Qué bueno!

Piensa en una ocasión cuando fuiste castigado. Probablemente, fue terriblemente difícil en ese momento, pero ¿qué aprendiste de eso?

184

Semana 30, día 2

¡Reflexionemos!

MIQUEAS

Los israelitas se habían alejado de Dios, y él tenía que castigarlos. Sin embargo, Dios hizo algo inesperado. ¡Él prometió bendecir a su pueblo nuevamente en el futuro! Este juego de palabras te ayudará a seguir a los israelitas desde el juicio a la bendición.

Para este reto, cambiarás todas las palabras negativas por una positiva. El objetivo es usar antónimos que te lleven a entender que Dios anhela que vivamos bendecidos.

1. TRISTEZA → _ _ _ _ _ _ _ _

2. LLANTO → _ _ _ _ _

3. CASTIGO → _ _ _ _ _ _ _ _ _ _ _

4. MENTIRA → _ _ _ _ _ _ _

5. IRA → _ _ _ _ _ _ _ _ _

185

Semana 30, día 3

Encuentra a Jesús en Miqueas

El profeta Miqueas tenía que dar algunas noticias dolorosas al pueblo de Dios en el Antiguo Testamento. Les dijo que Dios los castigaría por su pecado. Esto sería doloroso, pero era necesario. Dios quería que tuvieran la mejor vida posible, pero eso no pasaría si el pecado seguía en medio de su camino. Así que, Dios haría algo al respecto.

El Dios del Nuevo Testamento es el mismo Dios del Antiguo Testamento. Él todavía castiga el pecado, pero ha provisto una manera para encargarse de todo ese castigo. ¡Dios envió a Jesús a experimentar el castigo por nosotros! Jesús sufrió y murió para pagar por todo nuestro pecado. ¡Ya no seremos castigados por nuestro pecado si creemos en Jesús! ¡Piensa en eso! Dios estaba enojado con el pecado de los israelitas. ¡Piensa en lo enojado que está con el pecado de todas las personas que han existido! Por esa razón, ¡Jesús se sacrificó por todos los que confían en él!

Lee Miqueas 2.1-5. ¿Cómo te sientes al leer este pasaje?

Escribe tus sentimientos en la cruz. Luego, ¡recuerda que Jesús murió para pagar por tus pecados! Ya no necesitas preocuparte por el juicio de Dios.

¡Vamos a escribir!

MIQUEAS

El profeta Miqueas le dijo al pueblo que se había alejado de Dios. Ellos no adoraban a Dios de corazón, robaban cosas, engañaban a las personas y se trataban mal entre ellos. Tal vez, tú has hecho cosas de las que no estás orgulloso. Cuéntale a Dios sobre eso.

....

....

....

Dios te ama tanto que envió a Jesús para pagar el precio de nuestro pecado. Lo único que tienes que hacer es creer en él, de manera que nunca tengas que preocuparte sobre el juicio de Dios. ¿Cómo te hace sentir el amor de Dios? Escribe tu respuesta a continuación.

....

....

....

Semana 31, día 1

¡Vamos a leer!

Dios gobierna sobre todo y juzgará a sus enemigos.

¿Alguna vez has estudiado algo en la escuela y después lo olvidaste? Probablemente, todo tuvo sentido la primera vez que lo leíste. Pensaste que lo sabías bien, pero luego, tuviste que escribirlo o dar un examen sobre el tema. Y, después de todo, ¡te diste cuenta de que no lo habías olvidado!

Los asirios pensaron que conocían al Dios de Israel y de Judá. Años más tarde, Dios envió al profeta Jonás. ¡Jonás les advirtió que dejaran de pecar! Y, ¡así lo hicieron! Parecía que aprendieron la lección, pero no pasó mucho tiempo antes de que fuera evidente que no la habían aprendido. Empezaron a pecar de nuevo. Así, los asirios se alejaron completamente de Dios. ¡Hasta pelearon contra el pueblo de Dios! Entonces, ¡Dios peleó contra ellos! Los asirios se convirtieron en los enemigos del pueblo de Dios. ¡Eso significaba que también eran enemigos de Dios!

El mensaje de Nahúm a los asirios no fue de misericordia y perdón. Su mensaje fue que Dios gobierna sobre todo y que juzgará a sus enemigos. Nahúm les dijo a los asirios que Dios había terminado con ellos. ¡Dios los castigaría por sus pecados! ¡Experimentarían la ira y el gran juicio de Dios! ¡Sería terrible! ¡Dios los destruiría! ¡Nadie escaparía! ¡Los asirios aprenderían que Dios gobierna sobre todo! Y, ¡esta sería una lección que jamás iban a olvidar!

¿Cómo crees que te sentirías si Dios terminara contigo?

¡Reflexionemos!

NAHÚM

Nínive era la capital de Asiria. Nahúm hace muchas profecías sobre Nínive. Hemos enumerado algunas de sus profecías a continuación. Encuentra el capítulo y el versículo de cada una en tu Biblia NVI. Anótalos en el espacio en blanco.

1. «Pero destruirá a Nínive con una inundación arrasadora

   _____»

2. «Nínive, un destructor avanza contra ti _____»

3. «Nínive es como un estanque roto cuyas aguas se

   derraman _____»

4. «¡Destrucción, desolación, devastación! _____»

5. «Pero ahora yo vengo contra ti —afirma el SEÑOR

   omnipotente— _____»

6. «¡Ay de la ciudad sedienta de sangre _____»

7. «Todos los que te vean huirán de ti, y dirán: "¡Nínive ha sido

   devastada!" _____»

Semana 31, día 3

Encuentra a Jesús en Nahúm

Dios gobierna sobre todo y juzgará a las personas malvadas. Esa es la lección que el profeta Jonás enseñó a los Asirios, pero ¡se olvidaron de todo! Ahora, por causa de sus malas obras, los asirios experimentarían el juicio de Dios. No escaparían. No había un lugar seguro para ellos. Eso asusta, porque ¡todos hemos olvidado a Dios en algún momento de nuestra vida! Todos hemos hecho algo malo también.

Pero Dios nos ha dado un lugar de protección contra su juicio. Ese lugar seguro es Jesús. Él tomó nuestro lugar y experimentó la ira de Dios y el juicio contra nuestro pecado; así que, cuando creemos en Jesús, tenemos una protección completa contra su juicio.

Sin embargo, ¿qué pasa con las personas que no creen en Jesús? Están fuera del lugar de protección que Jesús te da. ¡Qué lugar tan tenebroso! Cuando Jesús regrese, estas personas experimentarán el juicio de Dios sobre ellas, pero todos lo que crean en Jesús no tendrán que preocuparse. Jesús no los castiga, les da una vida llena de paz, seguridad y gozo.

Debajo del sombrero, escribe todas las cosas de las que Jesús te protege.

¡Vamos a escribir!

NAHÚM

Un día, Dios juzgará a todas las personas por su manera de vivir. Este es un tema difícil de tratar, ¡pero es verdad! Piensa en tu vida. ¿Cómo te sientes al pensar que Dios mira tu forma de vivir?

....

....

....

Cuando crees en Jesús, él paga por las cosas malas que haces. Él experimentó el juicio en tu lugar. ¡Tú eres perdonado y perfecto ante los ojos de Dios! Jesús regresará a juzgar al mundo. Cuando esto suceda, no serás juzgado por Dios; serás protegido y estarás a salvo. Escribe cómo te sientes al respecto.

....

....

....

Semana 31, día 5

¡Vamos a orar!

Querido Dios:

Tú gobiernas y juzgas sobre todo. ¡Eso es asombroso! Me asusta saber que hago cosas malas. Gracias por enviar a Jesús. Porque creo en él, sé que mis fallas son perdonadas, y ¡no seré juzgado por ellas! ¡Quiero que mi vida demuestre lo mucho que te amo! También pido por aquellas personas que no conocen a Jesús. Por favor, también ayúdales a creer en tu hijo. ¡Te pido esto porque creo en Jesús!

¡Amén!

En los letreros a continuación, escribe algunas maneras de cómo dirigir a los demás para que conozcan a Jesús.

194

Semana 31, día 6

¡Manos a la obra!

¡Este proyecto te ayudará a darte cuenta de lo que habla el profeta Nahúm!

Espolvorea algo de pimienta en el fondo de un recipiente o jarro blanco. Luego, cubre la pimienta con terrones de azúcar. Los terrones de azúcar representan a los asirios; la pimienta es el pueblo de Dios en el tiempo del profeta Nahúm. Ellos sufrían bajo el peso de los malvados asirios. Después, vierte agua caliente sobre el azúcar. Así es como Dios derramó su juicio contra los malvados asirios. Ellos eran enemigos de Dios y de su pueblo. Observa cómo los terrones de azúcar se derriten cuando tienen contacto con el agua caliente. De la misma manera, los enemigos de Dios serán derretidos cuando su juicio caiga sobre ellos.

Sin embargo, ¡el pueblo de Dios no tendrá que preocuparse! El juicio de Dios no lo afectará. Observa cómo la pimienta no se derrite con el agua caliente. En realidad, ¡la pimienta sale a la superficie! El agua caliente no le hace daño de ninguna manera. Eso es exactamente lo que decía el profeta Nahúm. Aquí tienes las palabras del profeta en Nahúm 1.7-8: «Bueno es el SEÑOR; es refugio en el día de la angustia, y protector de los que en él confían. Pero destruirá a Nínive con una inundación abrasadora; ¡aun en las tinieblas perseguirá a sus enemigos!». ¡Dios siempre cuida a los que confían en él!

¡HOLA! ¡ENCANTADO DE CONOCERTE!

195

Encuentra a Jesús en Habacuc

Habacuc se encontraba molesto porque muchas cosas estaban mal. El pueblo de Dios no lo seguía, parecía que las personas malvadas tenían éxito, ¡nada estaba bien! Todas estas cosas lo ponían triste. Habacuc se preguntaba si Dios tenía el control. Tenía que recordar que Dios no lo defraudaría. Todo alrededor de Habacuc cambiaría para mal, pero Dios nunca lo haría. ¡Él siempre amaría a Habacuc! Además, ¡los planes de Dios para su pueblo siempre tendrán éxito sin importar la situación!

Cuando Jesús vino, el pueblo de Dios tenía problemas, al igual que Habacuc. Todo parecía estar mal. El pueblo de Dios necesitaba recordar que Dios tenía el control. Necesitaban saber que, ¡el poder de Dios no había cambiado y no cambia! Jesús demostró que Dios aún era poderoso al hacer muchos milagros. Además, Jesús recordó a todos que el verdadero descanso viene de una relación cercana con él. Esto nos enseña Jesús en Mateo 11.28-29: «Vengan a mí todos ustedes que están cansados y agobiados, y yo les daré descanso. Carguen con mi yugo y aprendan de mí, pues yo soy apacible y humilde de corazón, y encontrarán descanso para su alma».

¿Hay algo que parozca estar mal en tu vida ahora mismo? Dibuja y escribe tu respuesta en la cruz. Luego, deja que Jesús se encargue de eso.

¡Vamos a escribir!

En ocasiones, somos como Habacuc. Sentimos que la vida es injusta y dura. ¡Eso nos entristece! Es entonces cuando necesitamos recordar que Dios tiene el control y se preocupa por ti. Escribe cómo te sientes al saber esto.

....

....

....

Habacuc se preocupaba de las cosas y tenía muchas preguntas. Entonces, habló con Dios sobre sus dudas. Cuando crees en Jesús, tienes una relación cercana con Dios. Por lo tanto, ¡tú también puedes hacerle a Dios tus preguntas! Escribe cinco preguntas que te gustaría hacerle a Dios.

....

....

....

....

....

Semana 33, día 1

¡Vamos a leer!

Dios quiere que estemos listos cuando venga a juzgar al mundo.

¿Estás listo? Es posible que escuches estas palabras a menudo. En ocasiones, ¡no les prestas atención!

El profeta Sofonías le pidió a su pueblo que estuviera listo porque Dios vendría a juzgarlo, pero ellos no pusieron atención a la advertencia de Sofonías. Pensaban que estaban a salvo porque sus enemigos no los molestaban. Creyeron que no necesitaban seguir los caminos de Dios; así que, se alejaron del Dios verdadero y adoraron a falsos dioses. Siguieron las costumbres de otras naciones, y pensaron que Dios nunca se enojaría con ellos ni los castigaría por esas cosas.

Así que, ¡el mensaje de Sofonías los sorprendió! ¡Les anunció que a su pueblo le llegaría el día del juicio del Señor! Serían destruidos. ¡Solamente los que confiaran en Dios estarían a salvo de la furia de su juicio! ¡Qué tremendo!

¿Alguna vez has sentido miedo del juicio del Señor? ¿Por qué sí, o por qué no?

¡Reflexionemos!

SOFONÍAS

Sabemos que Dios regresará y necesitamos estar listos. Cuando completes este gráfico, obtendrás un recordatorio de lo que necesitas para estar listo.

Lee la pregunta y encierra en un círculo la letra de la mejor repuesta. En el gráfico a continuación, conecta la letra de la pregunta con la letra de su respuesta. Luego, dibuja una línea que conecte las dos letras. Haz lo mismo para todas las preguntas. Después de haber trazado todas las líneas, observa la figura que creaste. ¿La reconoces? Esto te recordará que debes creer en Jesús y estar a salvo en su protección. Así, ¡estarás listo cuando venga el juicio del mundo!

B. ¿Qué necesitas para ir a la escuela?
A. cobija   D. balde   I. mochila

A   B   C   D

C. ¿Qué necesitar para ir a la playa?
J. traje de baño   M. bicicleta   G. pala de nieve

N ·   ·   ·   · E

N. ¿Qué necesitas para montar tu bicicleta?
K. botas de nieve   E. casco   H. sánduche

M ·   ·   · F

M. ¿Qué necesitas para estar listo para cenar?
F. cometa   D. videojuegos   F. lavar tus manos

L ·   ·   · G

C. ¿Qué necesitas para jugar béisbol?
K. golosinas   B. bate   L. rastrillo

K   I   J   H

N. ¿Qué necesitas para leer?
E. bicicleta   M. libro   G. cámara

F. ¿Qué necesitas para ir a la iglesia?
A. escritorio   J. mascota   E. Biblia

I. ¿Qué necesitas para estar listo para la venida de Jesús?
E. dinero   J. creer en Jesús   G. nada

203

Semana 33, día 3

Encuentra a Jesús en Sofonías

Sofonías anunció al pueblo de Dios en Judá que el día del juicio del SEÑOR estaba cerca y que Dios juzgaría al mundo entero, incluyéndolos a ellos. Su única opción era volverse a Dios y encontrar protección en él. Si no lo hacían, ¡experimentarían el juicio de Dios!

Un profeta del Nuevo Testamento, Juan el Bautista, anunció un mensaje similar. Su mensaje estaba dirigido a un grupo diferente de personas, y eso nos incluye a nosotros. Juan también habló del juicio venidero del SEÑOR y cómo escapar de él. Jesús regresará con ese juicio; pero, a la vez, ¡Jesús es la forma de escapar del juicio!

Cuando alguien cree en Jesús, ¡el castigo del hijo de Dios cuenta como suyo! De esa manera, en lugar de encontrar el castigo de Dios, encuentra la mejor vida posible. También se encontrará a salvo del juicio cuando Jesús regrese otra vez. Sin embargo, si alguien no cree en Jesús, tendrá que pagar por sus propios pecados. ¿Por qué alguien escogería eso? ¡Cree en Jesús y disfruta su regalo de la vida maravillosa!

En el espacio a continuación, escribe cómo le dirías a alguien por qué debería creer en Jesús.

¡Vamos a escribir!

Dios vendrá a juzgar al mundo y a todas las personas en él. Desconocemos cuándo vendrá, pero sabemos que así será. ¡Eso suena aterrador! ¿Cómo te sientes al saber que Dios regresará? ¿Estás listo? Escribe tus ideas a continuación.

....

....

....

Jesús nos ha dado la manera de escapar del juicio del SEÑOR. Jesús ya ha pagado el precio por todo nuestro pecado. Si crees en Jesús, estarás listo para el día en que Dios juzgue al mundo. Escribe cómo te sientes al respecto.

....

....

....

SOFONÍAS

¡Vamos a orar!

Querido Dios:

Tú eres fuerte y poderoso. Tú gobiernas sobre toda la tierra, y sé que regresarás a juzgarlo. En ocasiones, eso me asusta, pero no debo temer porque creo en Jesús. Yo creo que él ya pagó por mi pecado. Creo que Jesús me protegerá y me salvará en el día del juicio. Gracias por enviarme a Jesús para salvarme. Te pido estas cosas porque creo en Jesús.

¡Amén!

Por cada letra en la palabra «temor», escribe una manera en que Jesús nos ayuda a no temer. Cada razón debe empezar con esa letra.

T _____

E _____

M _____

O _____

R _____

¡Manos a la obra!

Crea este juego para jugar con cuatro personas. Consigue cuatro tarjetas en blanco de 8 x 13 cm. Dibuja una cruz en una de las tarjetas. Escribe «Problema horrible» en las otras.

Da la vuelta a las tarjetas para que nadie pueda ver lo que está escrito en ellas. Mézclalas. Haz que todos se paren en un círculo. Reparte una tarjeta a cada persona, pero no pueden mirarla. Aquí tienes la frase que repetirás: «El Señor vendrá a juzgar a todos».

Empieza con la primera persona a tu izquierda. Señala a esa persona y dile: «El». Señala a la segunda persona a tu izquierda y di: «Señor». Sigue dando vueltas en círculo hasta que completes toda la oración. La última persona a la que apuntas tiene que entregar su tarjeta. Si su tarjeta tiene la cruz dibujada, ¡es salvo! Al contrario, si su tarjeta tiene escrito «Problema horrible», ¡se queda fuera! Toma la tarjeta de esa persona y sepárala. Luego, recoge las tarjetas de todos los que quedan y mézclalas nuevamente. Asegúrate de que nadie vea lo que tienen escrito. Nuevamente, reparte a todos una tarjeta y repite lo que hiciste antes.

Sigue jugando hasta que quede solo una persona. La tarjeta de esa persona tendrá la cruz dibujada. La cruz recordará a todos el mensaje del profeta Sofonías. ¡El Señor vendrá a juzgar a todos! Solo los que confían en Jesús serán salvos.

Semana 34, día 3

Encuentra a Jesús en Hageo

Durante el tiempo de Hageo, el pueblo de Dios se olvidó de lo más importante. Se supone que reconstruirían el templo de Dios para así demostrar que él estaba en primer lugar en sus vidas.

Jesús siempre puso la obra de Dios, el Padre, primero en su vida; en Juan 4.34 nos enseña: «Mi alimento es hacer la voluntad del que me envió y terminar su obra».

¿Cómo pones a Dios en primer lugar en tu vida? ¿Cómo lo puedes hacer mejor? Escribe tus ideas a continuación.

....

....

....

....

....

¡Vamos a escribir!

Durante el tiempo de Hageo, el pueblo de Dios dejó que muchas cosas desvíen su atención de Dios. ¿Qué cosas desvían tu atención de Dios? Escribe algunas a continuación.

....

....

....

Puedes hablar con los demás sobre Dios con palabras o con tu manera de vivir. Cuando lo haces, ayudas a construir el nuevo templo de Dios, la iglesia. Piensa en cómo puedes hablar con las personas o mostrarles la verdad sobre Dios. Escribe tus ideas aquí.

....

....

....

¡Vamos a orar!

Querido Dios:

Por favor, perdóname por las veces que he dejado que otras cosas me hagan olvidarte. Por favor, ayúdame a vivir de manera que demuestre que eres lo más importante para mí. Ayúdame a unirme a Jesús en la construcción de tu nuevo templo, la iglesia. Te pido esto porque creo en Jesús.

¡Amén!

Los creyentes ayudan a construir el nuevo templo cuando comparten con los demás sobre Jesús. Piensa cómo puedes hacer eso. Escribe tus ideas aquí.

¡Manos a la obra!

HAGEO

Hageo deseaba que el pueblo de Dios pusiera a Dios en primer lugar. Piensa en cinco actividades que podrían impedir que Dios sea tu prioridad. Escríbelas en las nubes de abajo. Pueden ser cosas como los videojuegos, los deportes o las salidas con tus amigos. Las nubes pueden bloquear el sol, y esas actividades pueden bloquear a Dios en tu vida. Debajo de cada nube, escribe cómo pondrás a Dios primero en esa actividad. Así, las nubes ya no bloquearán a Dios y ¡lo pondrás en primer lugar!

213

ZACARÍAS

¡Vamos a leer!

Dios quiere que el lugar donde habita muestre la verdad sobre él y su pueblo.

Así como Hageo, el profeta Zacarías animó al pueblo de Dios a reconstruir el templo, pero les dijo que su reconstrucción mostraría algo más, algo verdadero sobre Dios. Era una forma de mostrar el deseo de Dios de estar presente con su pueblo, y ese deseo apuntaba al futuro. En aquel tiempo, ¡Dios estaría aún más presente al enviar a su Hijo!

La reconstrucción del templo enseñaba mucho sobre Dios y su pueblo. ¡Por esa razón necesitaba ser reconstruido!

Si tuvieras que construir un templo para Dios, ¿cómo sería?

¡Reflexionemos!

ZACARÍAS

Zacarías le dijo al pueblo de Dios por qué era importante reconstruir el templo. El templo enseñaría a todos las verdades sobre ellos y también mostraría las verdades sobre su Dios y quien era con ellos.

   Abajo tienes siete maneras de describir a Dios. Hay un espacio en blanco junto a cada una. Esto es algo que puedes hacer durante los siete días de esta semana. Cada día, piensa en una de las palabras que describe a Dios. Luego, escribe algo que hiciste para mostrar a los demás esa verdad sobre Dios. Cuando hagas eso durante la semana, mostrarás a los demás quién es Dios. Además, Dios usará lo que haces para construir su nuevo templo, ¡la iglesia!

GENEROSO _____

AMOROSO _____

BUENO _____

AMABLE _____

PACIENTE _____

PURO _____

FIEL _____

Semana 35, día 3

Encuentra a Jesús en Zacarías

Al igual que las personas en el tiempo de Zacarías, ¡Jesús está construyendo el templo de Dios! Sin embargo, el templo que Jesús construye es diferente. ¡Está hecho de todos los que creen en él! En otras palabras, ¡el templo es la iglesia! Dios estuvo presente con su pueblo en el templo en los tiempos del Antiguo Testamento. Ahora, Dios está siempre presente con su pueblo en la iglesia por medio de Jesús. ¡Su Espíritu Santo vive en todo aquel que cree en Él!

Incluso el apóstol Pablo llama a la iglesia ¡el templo de Dios! Esto es lo que pidió a los creyentes en 1 Corintios 3.16: «¿No saben que ustedes son templo de Dios y que el Espíritu de Dios habita en ustedes?». ¿Alguna vez te has considerado un templo?

¿Cómo puedes ayudar a construir el templo de Dios con tu forma de vivir? Escribe una idea en cada bloque.

ZACARÍAS

¡Vamos a escribir!

Crea un libro para ayudarte a recordar las ideas principales de Zacarías. En los cuadros de abajo, dibuja cada idea importante. Recorta los cuadros y engrápalos juntos para crear un libro.

DIOS VIVE ENTRE SU PUEBLO.

EL PUEBLO DE DIOS DEBE CONSTRUIR SU TEMPLO.

EL TEMPLO MUESTRA CÓMO ES DIOS.

EL PUEBLO DE DIOS MUESTRA CÓMO ES DIOS.

Semana 35, día 5

¡Vamos a orar!

Querido Dios:

Gracias por escoger estar siempre presente con tu pueblo. Por favor, ayúdame a vivir de manera que muestre la verdad sobre ti. Quiero que otras personas conozcan lo maravilloso que eres. Ayúdame a mostrarles tu amor y tu bondad cuando soy bueno y me amo a mí mismo. Gracias por enviar a Jesús para mostrarnos cómo hacerlo. Pido esto porque creo en Jesús.

¡Amén!

Enumera algunas maneras creativas de mostrar y contar a los demás lo maravilloso que es Dios. Recuerda, no siempre es tan sencillo como relatar una historia de la Biblia. Recuerda también que ahora eres el templo de Dios.

....

....

....

....

....

....

....

Semana 35, día 6

¡Manos a la obra!

Traza el contorno de tu mano izquierda en una hoja de papel. Luego, dentro de él, escribe este versículo de Zacarías.

«¡Cobren ánimo, ustedes… mientras se echan los cimientos para la reconstrucción del templo del SEÑOR Todopoderoso!».
—ZACARÍAS 8.9

Luego, traza el contorno de tu mano derecha en otra hoja de papel. Después, escribe este versículo dentro de la mano.

«¿No saben que ustedes son templo de Dios y que el Espíritu de Dios habita en ustedes?».
—1 CORINTIOS 3.16

Pon los dibujos de tus manos en tu habitación donde las puedas ver, y te recordarán que debes ocuparte de la construcción del templo de Dios.

Semana 36, día 1

¡Vamos a leer!

Dios honrará a todo aquel que lo honre.

¿Qué pasa cuando no muestras respeto hacia tus padres? Probablemente, ¡nada bueno! Ellos merecen tu respeto. Cuando le muestras respeto a alguien, lo honras, con lo que dices y con lo que haces.

Ese fue el mensaje de Malaquías al pueblo de Dios. Les dijo que debían honrar a Dios, pero ¡era difícil para ellos! Regresaron de la tierra donde los tenían prisioneros, pero sentían que Dios ya no los amaba y que los había abandonado. Así que, ya no lo honraban con su adoración ni con su forma de vivir.

El profeta Malaquías les recordó el amor que Dios tiene por ellos y también les dijo que ¡Dios no los había olvidado! Dios todavía haría cosas asombrosas, pero ¡su pueblo tenía que honrarlo si querían ser incluidos en sus prodigios! Debían confiar en Dios porque es digno de nuestra confianza. Dios reconoce a quienes lo honran cuando viven de esta manera.

¿Cómo honras a las personas en tu vida? ¿Cómo honras a Dios?

¡Reflexionemos!

El profeta Malaquías le pidió al pueblo que honrara a Dios. En este proyecto, ¡tendrás que encontrar las maneras de hacerlo! Encuéntralas en la sopa de letras a continuación. ¡Tendrás que buscar frases! Las frases están abajo, y pueden empezar en una dirección y terminar en otra. ¡Hasta pueden seguir varias direcciones! El truco es encontrar el comienzo de la frase. Luego, localiza la frase en cualquier dirección. Así debemos honrar a Dios. ¡Debemos hacerlo sin importar la dirección que tome nuestra vida!

Busca las siguientes maneras de honrar a Dios en la sopa de letras.

RESPETAR A DIOS
SERLE FIEL
SER JUSTO CON LOS DEMÁS
COMPARTIR
SER HUMILDE
CONFIAR EN DIOS
HACER LO BUENO
SERVIR A DIOS
DECIR LA VERDAD
AYUDAR A LOS DEMÁS
SER PACIENTE
PERDONAR
SER AMABLE

S	X	Z	A	Y	U	D	A	R	A	L	O	S	D	E	M	A	S	P	P
E	V	R	C	B	F	D	E	F	Q	N	Z	E	X	Z	W	E	E	E	S
R	B	I	D	V	G	S	W	G	E	V	C	X	C	A	R	Z	R	U	O
H	N	T	R	C	H	W	Q	U	W	I	S	C	V	P	Q	D	L	Y	I
U	M	R	T	X	J	R	B	S	R	B	Q	B	A	Q	O	X	E	T	D
M	T	A	F	Z	K	O	S	L	S	N	W	C	B	N	S	Q	F	W	N
I	R	P	G	A	L	T	A	T	Z	E	I	M	A	T	A	W	I	Q	E
L	S	M	B	R	P	V	A	Y	L	E	U	R	N	R	F	R	E	Z	R
D	Q	O	E	Q	E	Y	X	B	N	S	I	Q	M	D	K	T	L	X	A
E	P	C	V	R	O	U	A	T	X	D	P	W	K	F	L	U	Y	C	I
B	A	X	D	W	I	M	E	K	C	F	L	E	L	G	V	J	V	V	F
H	Q	A	C	S	A	K	C	L	V	G	K	T	P	H	B	H	Z	B	N
M	D	Z	C	R	U	L	N	S	O	I	D	A	R	I	V	R	E	S	O
K	W	S	E	T	Y	P	M	M	B	H	J	Y	I	K	N	G	X	N	C
R	E	S	P	E	T	A	R	A	D	I	O	S	U	L	M	S	Q	L	X
L	S	A	M	E	D	S	O	L	N	O	C	O	T	S	U	J	R	E	S

Semana 36, día 3

Encuentra a Jesús en Malaquías

El profeta Malaquías le recordó al pueblo que Dios merece ser honrado, pero los días eran difíciles para ellos. Pensaban que Dios ya no los amaba, así que ¡dejaron de honrarlo!

Nosotros hacemos lo mismo. ¡También nos olvidamos de honrar a Dios! Solo existió una persona que lo honró todo el tiempo. ¡Ese fue Jesús! En ocasiones, pensamos que la vida es dura con nosotros, pero ¡Jesús tuvo que lidiar con todo tipo de dificultades! Las personas lo odiaron y lo trataron mal, ¡hasta lo crucificaron! A pesar de todas las cosas horribles que le sucedieron, Jesús siguió enfocado en Dios. De manera fiel y a la perfección, Jesús hizo todo lo que Dios le pidió. Al hacer esto, Jesús le dio honra a Dios.

Usa las letras en la palabra HONRA para pensar en las formas de honrar a Dios. Cada forma debe empezar con las letras iniciales de esa palabra.

H _____

O _____

N _____

R _____

A _____

¡Vamos a escribir!

Su pueblo tenía dificultades para mantener su enfoque en Dios. Pensaban que él los había olvidado; así que, ¡empezaron a olvidarlo! Sin embargo, Dios nunca olvida a su pueblo. ¿Cómo te sientes al saber que Dios nunca te olvida? Escribe tus ideas aquí.

....

....

....

Malaquías 3.16-17 menciona que el Señor conoce los nombres de los que lo honran. También dice que cuando él regrese, ¡esas personas serán su tesoro especial! Explica cómo te sientes al saber que eres el tesoro especial del Señor.

....

....

....

MALAQUÍAS

225

Semana 36, día 5

¡Vamos a orar!

Querido Dios:

¡Quiero honrarte porque eres digno! Yo sé que regresarás; y en ocasiones, esperar tu venida es difícil. Por favor, ayúdame a honrarte con mi manera de vivir mientras espero. Ayúdame a confiar en ti. Ayúdame a tratar a las personas con justicia. Ayúdame a estar dispuesto a darte lo que tengo para honrarte. Además, ayúdame a servirte con un corazón dispuesto. Te pido esto porque creo en Jesús.

¡Amén!

En la tabla a continuación, crea tu propia sopa de letras y usa las tres palabras enlistadas y otras tres que te ayuden a recordar lo que es importante. Reta a un amigo o un familiar a resolver tu sopa de letras.

Honor
Confianza
Justicia

....

....

....

A						H		
I						O		
C	O	N	F	I	A	N	Z	A
I						U		
T						R		
S								
U								
J								

¡Manos a la obra!

El mensaje del profeta Malaquías también es para nosotros. Nos enseña que Dios honrará a los que le honren. Nosotros honramos a Dios con nuestra forma de vivir. Así que, estas verdades sobre Dios deben estar presentes en tu vida.

Este proyecto te ayudará a recordar cómo honrar a Dios. Haz pulseras de la amistad que puedas usar y entregar a tus amigos. Busca hilos, lanas, cintas y hasta papeles de colores. Luego, teje o trenza la lana, el hilo o la cinta. Teje el largo suficiente para que puedas atar la pulsera alrededor de tu muñeca. Cada color representa una manera de honrar a Dios. ¿Cómo? Recuerda, ¡la letra con la que empieza cada color representa algo específico que puedes hacer! Aquí tienes los colores que podrías usar.

Después de haber hecho las pulseras, explica a tus amigos qué significa cada color. Cada vez que uses tu pulsera, ¡recordarás que debes honrar a Dios!

Amarillo	=	Ayudar a los demás
Café	=	Conversar con Dios
Gris	=	Guardar los mandamientos
Lila	=	Leer la Biblia
Celeste	=	Compartir con otros
Azul	=	Afirmar siempre la verdad

Semana 37, día 1

¡Vamos a leer!

Jesús nos enseña la
ley de Dios.

¿Alguna vez miraste algo y creíste que era una cosa distinta de lo que realmente era? Tal vez viste una rama curva sobre el césped y pensaste que era una serpiente. O quizás creíste que una cucharada de puré de papas era una cucharada de helado. Algunas personas en el Evangelio de Mateo tuvieron ese problema con la ley del Antiguo Testamento. Pensaron que era una cosa cuando realmente era otra. Las personas con las que Jesús habló creían que la ley les haría la vida más difícil y pensaban que no les permitía tener una vida plena. ¡Haz esto! ¡No hagas aquello! ¿Quién quiere obedecer esas reglas? A nadie le gusta cuando otros le dicen qué hacer, pero Jesús enseñó que esta forma de pensar en la ley de Dios está mal.

El evangelio fue escrito para ayudarnos a ver la verdad sobre la ley. Puedes leer algunas maneras que Jesús hace esto en Mateo 5.21-22, 27-28, 33-34, 38-39 y 43-44. Dios ha entregado su ley como un regalo. Jesús nos dice que la ley de Dios no nos aleja de la mejor vida. En realidad, ¡hace lo opuesto! ¡Nos enseña a tener la mejor vida posible! Tenemos esa vida cuando mantenemos una relación cercana con Dios y con los demás.

¿Te gusta que tus padres o un maestro te digan qué hacer? ¿Crees que lo hacen porque quieren que tengas la mejor vida?

¡Reflexionemos!

MATEO

El Evangelio de Mateo nos muestra que hay buenas razones para todo lo que Dios nos pide. Quizás alguna vez pensamos que la ley de Dios era un dolor de cabeza, pero Jesús nos muestra que es justo lo contrario. La ley de Dios nos enseña a vivir la mejor vida posible.

Mira cada regla a continuación. Quizás, tienes muchas de esas en tu vida. Dibuja una línea para unir cada regla con la consecuencia de no cumplirla.

1. Guardar tus cosas cuando has terminado de usarlas.

2. No cruzar la calle sin antes mirar a ambos lados.

3. Jugar amablemente con los demás.

4. No usar zapatillas cuando montas una bicicleta.

5. No saltar en los muebles.

6. Ir a la cama temprano.

a. Podrías desgastarlos o romperlos, y esto les costaría mucho dinero a tus padres.

b. Alguien podría tropezar en las cosas que has dejado tiradas.

c. Podrías lastimar a alguien accidentalmente.

d. Podrías levantarte de mal humor y tener dificultades para aprender.

e. Tus pies se podrían atorar y te puedes caer.

f. Podrías ser arrollado por un auto.

229

Encuentra a Jesús en Mateo

Dios entregó la ley a su pueblo para indicarles cómo vivir la mejor vida posible, pero la mayoría pensó que solo se trataba de una lista de reglas que impedían que una persona se divierta. Sin embargo, Jesús enseñó todos los beneficios que se obtienen al seguir la ley de Dios, pero a pesar de eso, ninguno de nosotros vive exactamente como Dios nos pide en la ley. El pecado nos ha dañado. El pecado nos impide hacer las cosas buenas que debemos hacer. Jesús cumplió la ley de Dios a la perfección, y gracias a él, ¡todos los beneficios de seguir la ley de Dios están disponibles para todos los que creen en él! Algo más sucede cuando creemos en Jesús: ¡él envía su Espíritu Santo!

Su Espíritu nos ayuda a ser cada vez más parecidos a Jesús. Eso es lo que Dios siempre ha querido para nosotros. ¡Por esa razón nos dio la ley desde el principio!

Haz un separador de libros para marcar las páginas mientras lees el libro de Mateo. Úsalo para recordar la regla más importante de Dios. Escribe el versículo a continuación en el separador.

Ama al Señor tu Dios con todo tu corazón, con todo tu ser y con toda tu mente… Este es el primero y el más importante de los mandamientos.
—Mateo 22.37–38

¡Vamos a escribir!

Jesús explicó por qué Dios nos entregó su ley. Lo hizo así para mostrarnos cómo tener la mejor vida posible. ¿Al aprender esto has cambiado tu forma de pensar sobre las reglas que Dios nos ha dado? Escribe tu opinión a continuación.

....

....

....

Cuando creemos en Jesús, nos envía su Espíritu Santo, y nos ayuda a seguir la ley de Dios como lo hizo Jesús. Así tendremos la mejor vida posible. ¿Qué partes de la ley de Dios te parecen más difíciles? ¿En qué le pedirías ayuda al Espíritu Santo? Escribe tus respuestas aquí.

....

....

....

231

¡Vamos a orar!

Querido Dios:

Gracias por darme tu ley. Esta me enseña a tener la vida plena que quieres para mí. Gracias porque Jesús obedeció perfectamente la ley en mi lugar. Ahora sé que siempre tendré tu bendición. Gracias, también, por enviarme a tu Espíritu Santo. Quiero que tu Espíritu me ayude a seguir tu ley como Jesús lo hizo. Así, tendré las bendiciones que quieres para mí. Te pido esto porque creo en Jesús.

¡Amén!

¿Cómo puedes hacer lo que Jesús nos enseña en los siguientes versículos? Escribe algunas ideas.

Mateo 5.16
Hagan brillar su luz delante de todos...

....

....

Mateo 5.22
No se enojen con los demás...

....

....

Mateo 5.39:
No resistan al que les haga mal...

....

....

Mateo 5.44
Oren por quienes los persiguen...

....

....

Mateo 6.14
Perdonen a otros sus ofensas...

....

....

Mateo 6.25
No se preocupen por su vida...

....

....

Mateo 7.1
No juzguen a nadie...

....

....

Semana 37, día 6

¡Manos a la obra!

Este proyecto te recordará el mensaje de Mateo que nos muestra cómo se puede perder el verdadero significado de algo. Eso les pasó a las personas en el Evangelio de Mateo. Con el pasar del tiempo, olvidaron por qué Dios les dio la ley, y no entendieron su verdadero significado. ¡Ahora verás cómo sucedió esto!

Consigue cinco personas o más para este juego. Siéntate en círculo o en una fila recta. Tú puedes ser la primera persona. Susurra un mensaje a la siguiente persona junto a ti. ¡Asegúrate de que nadie lo escuche! Puedes susurrar este trabalenguas: «Tres tristes tigres comen trigo en un trigal», u otro que sea tu preferido. Luego, pide que la segunda persona susurre lo que escuchó a la tercera persona. Continúa así hasta que llegues a la última. Pide a la última persona que repita en voz alta el mensaje que escuchó. (Probablemente no será el mismo que el original).

Esto le pasó al pueblo de Dios en el Evangelio de Mateo. Con el pasar del tiempo, el mensaje de que la ley de Dios era buena se confundió. En realidad, en el tiempo de Jesús, las personas pensaban que la ley era mala. ¡Necesitaban darse cuenta de que habían recibido el mensaje incorrecto!

¡Vamos a leer!

Jesús sufrió por nuestro bien.

MARCOS

A nadie le gusta que le pasen cosas malas. Muchas veces, estas cosas suceden por algo que hemos hecho. Por ejemplo, si recibes una calificación baja en un examen es porque no estudiaste. O tal vez, no comiste postre porque no terminaste tu cena. ¡Ciertamente, no son cosas que disfrutas! Sin embargo, puedes entender por qué suceden. Hiciste algo malo y obtuviste malos resultados.

¿Sabes lo que sería aún peor? Supongamos que no has hecho nada malo y, aun así, ¡te pasaron cosas malas! ¡No sería justo! Supongamos que sí estudiaste mucho para el examen y, de todos modos, ¡reprobaste! Supongamos que terminaste tu cena, pero, aun así, ¡no recibiste postre! ¡Es probable que estés terriblemente molesto! Así fue para las personas a las que Marcos escribió su Evangelio. Los romanos causaban problemas a los cristianos. Los cristianos no habían hecho nada malo, pero a los romanos no les importaba, y los trataban terriblemente mal. ¡Hasta mataron a algunos! Los cristianos estaban enojados y confundidos. Pensaban que, al creer en Jesús, tendrían una vida maravillosa, pero no era así. En realidad, ¡sufrían! Marcos animó a estos sufridos creyentes al recordarles de Jesús.

¿Alguna vez alguien te ha causado problemas por ser cristiano? ¿Cómo te sentiste? ¿Qué hiciste al respecto?

Semana 38, día 2

¡Reflexionemos!

Marcos recordó a los creyentes que se puede obtener algo bueno de algo malo. Este proyecto te recordará esto. Lee la historia corta en la parte de abajo. Quita las partes en cada línea que están escritas a la derecha. Cuando termines, lee la historia otra vez con las palabras que quedaron. Descubrirás que lo que empezó como algo malo, ¡resultó ser algo bueno!

PARA ELIMINAR:
Recuerda eliminar también las comas y los puntos que interfieran con tu historia.

Jaime tenía un perrito llamado Flopi. Jaime amaba a Flopi, y Flopi amaba a Jaime. Cierto día, Jaime llevó a Flopi a caminar. Era un lindo día en el parque. Y cuando Flopi vio una ardilla, salió corriendo tras ella. La ardilla corrió mucho, y Flopi también. Un momento después, Flopi se cansó de perseguir a la ardilla **y pensó que era tiempo** para regresar con Jaime. Flopi **pensó que** conocía el camino, **pero no era así.** Jaime **estaba triste y** caminó todo el día y por todo lado **con sus amigos buscando a** Flopi, **pero no lo encontró.** Todos los vecinos conocían y amaban a Flopi, **y ayudaron, pero tampoco lo encontraron.** Jaime **no** estaba feliz. Deseaba **que Flopi pudiera** regresar a casa para **verlo y temía nunca más** poder jugar con Flopi.

y pensó que era tiempo
pensó que
, pero no era así
estaba triste y
sus amigos buscando a
, pero no lo encontró
, y ayudaron, pero tampoco lo encontraron.
no
que Flopi pudiera
verlo y temía nunca más

Encuentra a Jesús en Marcos

Marcos recuerda a los creyentes que, si alguien no merecía sufrir, ese era Jesús. Sin embargo, Marcos señala a los creyentes que Dios usó el sufrimiento de Jesús para lograr algo verdaderamente maravilloso. Esto indica Jesús en Marcos 10.45: «Porque ni aun el Hijo del hombre vino para que le sirvan, sino para servir y para dar su vida en rescate por muchos».

Marcos 10.45 es un gran versículo para memorizar. Mira cómo se ha separado este versículo. Haz un dibujo en el cuadro de cada línea para que lo recuerdes.

Porque ni aun el Hijo del hombre

vino para que le sirvan,

sino para servir

y para dar su vida

en rescate por muchos.

¡Vamos a escribir!

Jesús nunca hizo nada malo, pero las personas le hicieron todo tipo de maldades. Escribe cómo crees que Jesús se sintió cuando le ocurrió eso. Para representar ese sentimiento, escoge un color de la tabla de colores de Amori en la página 5. Usa el color que escojas para pintar levemente sobre las palabras que escribiste.

....

....

....

Jesús sabía que, por su sufrimiento y su muerte, muchas personas serían salvas. Dios nos enseña que puede usar las cosas malas que nos pasan para logar cosas buenas también. ¿Al saber esto, cómo te sientes respecto a las cosas malas que te han pasado? Escribe tu respuesta aquí.

....

....

....

238

Semana 38, día 5

¡Vamos a orar!

Querido Dios:

Gracias por Jesús. ¡Él fue tan bueno, a pesar de que las personas fueron malas con él! No puedo imaginar cómo se sintió con eso. Es asombroso que Jesús haya dado su vida para salvar la mía. Tú tienes el control de todo; de manera que, cuando pasen cosas malas, también harás algo bueno a través de ellas. Ayúdame a ser como Jesús cuando esas cosas malas me pasen. Ayúdame a estar dispuesto a experimentarlas para ayudar a los demás. Ayúdame a hacerlo incluso cuando no entienda cómo esto les puede ayudar. Te pido esto porque creo en Jesús.

¡Amén!

Dios puede usar hasta las dificultades para hacer cosas buenas. Piensa en tantas palabras como puedas que signifiquen lo mismo que BUENO. Escríbelas en las líneas a continuación.

....

....

....

....

....

....

....

....

Semana 38, día 6

¡Manos a la obra!

Puede ser difícil recordar que Dios obra tanto en los buenos como en los malos tiempos. Esta semana, cuando algo malo suceda, piensa en algo bueno que pueda resultar de lo malo. Probablemente esto no será fácil. ¡Tendrás que pensar por un rato! Por ejemplo, quizás estés triste porque la lluvia arruinó un paseo, pero tal vez, esa lluvia era necesaria para los cultivos de un agricultor.

Piensa en cinco situaciones como esta, por lo menos. Usa la tabla a continuación para mantener un registro.

Algo malo que pasó	Algo bueno que resultó

¡Vamos a leer!

**Jesús vino a buscar y salvar
lo que estaba perdido.**

Todos nos enfermamos. Si es grave, vamos al doctor. Si tomas la medicina, ¡puedes estar saludable de nuevo! Sin embargo, supongamos que no quieres tomar la medicina; así que, ¡te enfermarás más! Entonces, ¿por qué no tomarías la medicina para curarte?

El pecado es también una enfermedad, pero no es una enfermedad física, sino espiritual. Lucas era doctor y habla sobre la enfermedad del pecado. Menciona que el pecado ha infectado a todos y nadie puede escapar de él. Eso significa que ¡nadie tiene una relación perfecta con Dios! Sin embargo, a menudo las personas no se dan cuenta de que están infectadas; quizás, no quieren darse cuenta; pero, así como con otras enfermedades, ignorar el pecado no hará que desaparezca.

Lucas nos enseña que hay una cura para el pecado. ¡La cura es Jesús! No obstante, antes de pedir la cura, ¡debemos admitir que estamos enfermos! En Lucas 5.31-32, Jesús comenta que las personas sanas no necesitan un doctor, pero las enfermas sí lo necesitan. Cuando admitimos que el pecado nos ha infectado, podemos acudir a Jesús para buscar la cura. Cuando creemos en él, nos cura del pecado. Así, nuestra relación rota con Dios es sanada.

¿Por qué piensas que algunas personas no permiten que Jesús sane su relación rota con Dios?

241

Semana 39, día 2

¡Reflexionemos!

Cada línea en la actividad a continuación tiene muchas palabras, pero solo una de ellas está en una afirmación de Lucas 19.10. Cuando creas que encontraste una palabra, enciérrala en un círculo. Luego, escríbela en las líneas de la parte inferior que están en blanco. Cuando tengas las palabras correctas, la oración te dirá lo que Jesús vino a hacer.

1. Porqueparapozopalo (6 letras)

2. Helicópterohijoventanasol (4 letras)

3. Clavenadarjuguetehombre (6 letras)

4. Panconejovinobicicleta (4 letras)

5. Cachorrobuscarrosasal (6 letras)

6. Chocolatesalvarpatinajecielo (6 letras)

7. Dóndecuándoquecómo (3 letras)

8. Trescenahabíamar (5 letras)

9. Terremotoparqueperdidoavión (7 letras)

_____ el _____ del _____ _____

a _____ y a _____ lo ____ se

_____ _____.

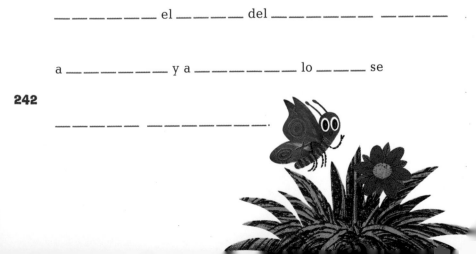

Semana 39, día 3

Encuentra a Jesús en Lucas

Lo que Lucas quería que sepamos de Jesús está claro. ¡Jesús es la cura para el pecado! Y esto es así porque Jesús fue el único ser humano que no fue infectado por el pecado. Solamente Jesús pudo huir del pecado y salvar a las personas del pecado. Jesús murió para traer la cura para el pecado, y es tan efectiva que ¡ni siquiera la muerte tiene poder sobre él! ¡Ni tampoco sobre los que creen en él!

Cuando creemos en Jesús, ¡él nos hace espiritualmente saludables de nuevo! Además, Jesús nos da la cura para el pecado en cada parte de nuestra vida. Lo trae a nuestros pensamientos, sentimientos y acciones. Todo el que crea en Jesús recibirá esta cura para su pecado. Nuestra relación con Dios y con los demás puede ser sanada nuevamente. ¡Lo único que debemos hacer es pedir la cura a Jesús!

Piensa en algunas cosas que necesitan ser curadas en tu vida. Escríbelas en las líneas junto a la bolsa del doctor Amori. Estas son todas las cosas que Jesús sanará en tu vida.

· ·

· ·

· ·

· ·

· ·

· ·

Semana 39, día 4

¡Vamos a escribir!

Jesús vino a salvar a las personas de la enfermedad del pecado. ¡Sin importar quién eres o lo que has hecho! Cuando te arrepientes de tu pecado y crees en Jesús, ¡él te sanará! De ese modo, tendrás una relación sana con Dios nuevamente. Explica cómo te sientes al saber esto.

....

....

....

....

Lucas 15.10 expresa: «Les digo que así mismo se alegra Dios con sus ángeles por un pecador que se arrepiente». Eso pasa cuando una persona cree en Jesús y recibe la cura de su pecado, es espiritualmente saludable de nuevo. ¡Hay una celebración en el cielo! Escribe cómo te sientes al saber esto.

....

....

....

....

¡Vamos a orar!

Querido Dios:

Eres tan grande y poderoso. Tienes el poder y la autoridad sobre todo. Gracias porque tu hijo, Jesús, vino a buscarme y a salvar lo que estaba perdido. Él dio su vida para curarnos de nuestro pecado y para darnos una vida nueva. Muchas gracias por salvarme y por darme esa nueva vida. ¡Ahora sé que mi relación contigo es saludable de nuevo! Pido esto porque creo en Jesús.

¡Amén!

Estudia las palabras de Lucas 5.31-32. Trata de memorizar lo que Jesús dijo. Podrías ponerles música a las palabras, o escribirlas una y otra vez para que las recuerdes.

«No son los sanos los que necesitan médico, sino los enfermos –les contestó Jesús–. No he venido a llamar a justos, sino a pecadores para que se arrepientan».

245

¡Manos a la obra!

Jesús es Dios y ser humano a la vez. Cuando crees en Jesús, también tienes una relación con el Padre. Además, Jesús envía a su Espíritu Santo para ayudarte a hacer lo correcto.

¡Ahora es tiempo de hacer arte! Sigue las instrucciones en la parte inferior para aprender algo importante sobre Dios.

Dentro de las letras de DIOS abajo, encontrarás las letras que corresponden a PADRE, HIJO y ESPÍRITU. Usando un color diferente para cada palabra, colorea las letras que las forman. Cuando hayas terminado, la imagen te recordará algo importante sobre Dios: el Padre, el Hijo y el Espíritu Santo son tres en uno a la vez.

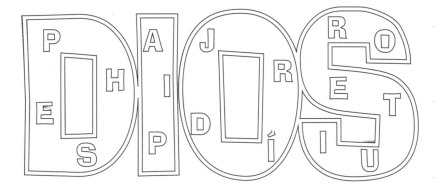

¡Vamos a leer!

Dios hace a su iglesia poderosa y más grande a través de la obra del Espíritu Santo.

¿Alguna vez te has parado frente al viento? Puedes sentirlo soplar tu cabello. Puedes ver como forma remolinos con el polvo de la calle; pero, en realidad, no puedes ver el viento. Solo puedes experimentarlo y ver lo que hace.

Así como no puedes ver el viento, no puedes ver al Espíritu Santo, pero puedes experimentar su presencia en tu vida. Además, puedes ver una prueba de la obra del Espíritu Santo en la construcción de la iglesia. Eso fue tan cierto para los discípulos de Jesús como para los creyentes de hoy. El Libro de Hechos nos relata que Jesús envió a su Espíritu Santo para sus discípulos. Esto ocurrió cuando estaban en Jerusalén. El Espíritu Santo descendió sobre ellos con el sonido de un viento fuerte, y pronto empezaron a contar a los demás sobre las buenas noticias de la nueva vida en Jesús. Los apóstoles Pedro y Pablo guiaron a la iglesia a compartir con la gente sobre Jesús. Como resultado, muchas personas creyeron en Jesucristo.

Hoy en día, el Espíritu Santo continúa su obra: les da a los creyentes el valor y el poder para compartir con los demás sobre la nueva vida en Jesús; y cuando lo hacen, ¡el número de creyentes crece!

¿Compartes con otras personas sobre la buena noticia de la vida nueva en Jesús? ¿De qué manera el Espíritu Santo te da valor y poder para hacerlo?

253

Semana 41, día 2

¡Reflexionemos!

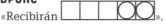

Algo pasaba en la iglesia. ¡Se compartía el mensaje de Jesús! ¿Por qué pasaba esto? Puedes encontrar la respuesta cuando resuelvas este juego de palabras. Descifra las palabras para cada pista. Cuando termines de hacerlo, anota todas las letras encerradas en círculo para después descifrarlas nuevamente.

DPORE

«Recibirán ⬜⬜⬜◯◯».

Pista: Hechos 1.8

FAÁAGR

«Un ruido como el de una violenta ⬜⬜⬜◯⬜⬜ de viento».

Pista: Hechos 2.2

PZNFOIEARÁRT

«Los hijos y las hijas de ustedes

◯⬜⬜⬜⬜◯◯⬜⬜⬜◯».

Pista: Hechos 2.17

RTMEO

«Y proclamaban la palabra de Dios sin ◯⬜⬜◯⬜ alguno».

Pista: Hechos 4.31

ISRCINSNTUCOE

«Un ángel de Dios le dio

◯⬜⬜⬜⬜◯⬜⬜⬜⬜⬜◯ de invitarlo a usted a

su casa para escuchar lo que usted tiene que decirle».

Pista: Hechos 10.22

Escribe aquí las letras encerradas, en el orden correcto.

—————— ——————

Encuentra a Jesús en Hechos

Jesús vino a hacer la voluntad de Dios, el Padre. Él comenzó su obra mientras estuvo en la tierra. Enseñó a las personas que era el hijo de Dios, y mostró su poder y autoridad para perdonar los pecados y dar vida. Antes de que Jesús subiera al cielo, les dio un mandamiento a sus discípulos. En Mateo 28.19 les pidió que «… vayan y hagan discípulos de todas las naciones…». Después de que Jesús partiera al cielo, envió su Espíritu Santo a sus discípulos. El Espíritu Santo los guio y animó en su labor. Así, los discípulos tenían el valor para compartir con los demás las buenas nuevas de Jesús.

Sin embargo, esto no es una tarea exclusiva para los primeros discípulos. ¡Esto es algo que todos los creyentes de Jesús deben hacer! Cada vez que alguien cree en Jesús, el Espíritu Santo también viene sobre ellos.

Jesús enseñó a sus discípulos a ganar creyentes así como se atrapan peces. Colorea el dibujo a continuación y cuélgalo en tu habitación. Recuerda orar por los demás para que también crean en Jesús.

255

Semana 41, día 4

¡Vamos a escribir!

Cuando Jesús subió al cielo, encomendó a sus discípulos una misión: les pidió que compartan sobre él con los demás. Cuando crees en Jesús, también tienes esta misión. Debes compartir con los demás sobre las buenas nuevas de Jesús. ¿Cómo te sientes con esta misión? Escribe lo que piensas aquí.

....

....

....

....

....

El Espíritu Santo ha venido para guiarte y darte el valor para realizar esta misión. El Espíritu te ayuda a tener valentía para hablar con los demás sobre las buenas nuevas de Jesús. ¿Saber que tienes al Espíritu Santo de Dios te ayuda a sentirte mejor con esa misión? Explica a continuación.

....

....

....

....

....

Semana 41, día 5

¡Vamos a orar!

Querido Dios:

En ocasiones, ¡quisiera poder ver al Espíritu Santo!, pero el viento me recuerda su presencia. Cuando sopla a mi alrededor, ¡recuerdo que él está conmigo! Gracias por enviarme a tu Espíritu Santo. Me encanta saber que estás conmigo y que me guías. Por favor, ayúdame a tener valor. Ayúdame a estar listo para compartir con los demás sobre las buenas nuevas de Jesús. ¡Quiero que el mundo entero lo sepa! Pido esto porque creo en Jesús.

¡Amén!

Haz un atrapa vientos o una campanilla para colgarla donde la veas frecuentemente. Te ayudará a recordar al Espíritu Santo.

Decora un plato de papel. Pégale tiras de papel crepé o cintas en los bordes. Estos volarán con la brisa cuando estén colgados. Si quieres, añade pequeños objetos metálicos ligeros, como tapas de botellas, en las terminaciones de las cintas para hacer una campana. Luego, cuélgalo. Cuando lo escuches o veas el viento soplar, recordarás al Espíritu Santo.

¡Manos a la obra!

HECHOS

El Espíritu Santo vino primero a la iglesia en Jerusalén, pero ¡no se quedó allí! ¡Las buenas noticias sobre la nueva vida en Jesús se dispersaron a todo el mundo!

Esta aventura te ayudará a ver lo que sucedió. Primero, encuentra un mapa de los viajes misioneros del apóstol Pablo. La mayoría de las Biblias tienen una sección de mapas en la parte posterior. En ese mapa, encuentra las ciudades de Jerusalén, Antioquía, Éfeso, Corintios, Atenas y Roma. Coloca un papel delgado sobre el mapa y marca las ubicaciones de estas ciudades en el papel.

Encuentra una superficie plana donde puedas pintar y utilizar agua. Coloca el papel en ese lugar. Luego, pon dos o tres gotas de colorante de comida en un vaso con agua. Usa una pajilla para mezclarlo. Con cuidado, deja caer una pequeña cantidad del agua de color sobre la palabra «Jerusalén». Usa la pajilla para soplar el agua sobre Antioquía y el resto de las ciudades. Tendrás que poner más agua sobre Jerusalén. Haz lo mismo hasta que el agua se haya esparcido en todas las ciudades. ¡Cuando soplas con la pajilla te asemejas al viento del Espíritu Santo! No puedes ver cómo se mueve el aire, pero puedes ver lo que hace. El agua de color es como las buenas noticias de la nueva vida en Jesús. Puedes ver cómo se esparce gracias a la obra del Espíritu Santo.

¡Vamos a leer!

Dios lleva de la muerte a la vida a todos los que creen en Jesús.

¿Alguna vez has tenido una mascota que murió? ¡Probablemente estabas demasiado triste! Sin embargo, estar triste no ayudó a revivir a tu mascota. Cuando algo muere, no revive, pero ¡hay una excepción! Además, Pablo escribe sobre esta excepción en su carta a los creyentes en Roma.

Pablo empieza su carta con su enseñanza sobre el pecado. Explica que todos hemos pecado, y que ese pecado merece el juicio de muerte de Dios. En realidad, las personas que son controladas por el pecado están muertas espiritualmente. ¡Uf! Es un tema difícil que no nos gusta escuchar, ¡aunque lo necesitemos! Sin embargo, Pablo señala asimismo que Dios ha provisto una salida. Cuando alguien pone su fe en Jesús, sus pecados son perdonados. Por su fe en Jesús, Dios le da una nueva vida. ¡Ya no está espiritualmente muerto! ¡Está espiritualmente vivo! Su antigua vida controlada por el pecado se ha ido.

El apóstol Pablo tiene indicaciones para estos nuevos creyentes. En Romanos 6.13, él nos dice: «No ofrezcan los miembros de su cuerpo al pecado como instrumentos de injusticia; al contrario, ofrézcanse más bien a Dios como quienes han vuelto de la muerte a la vida, presentando los miembros de su cuerpo como instrumentos de justicia». Pablo quería que los nuevos creyentes se esfuercen por tener una relación más cercana con Dios. Como así lo hicieron, se volvieron más como Jesús en su forma de vivir. Pablo escribió a los creyentes en Roma, pero ¡sus palabras son para nosotros también!

Cuando crees en Jesús, ya no estás espiritualmente muerto. ¡Estás espiritualmente vivo! ¿Cómo te sientes al respecto?

Semana 42, día 2

¡Reflexionemos!

Dios lleva de la muerte a la vida a todo el que cree en Jesús. Aquí tienes un versículo que te ayudará a recordar esta verdad. Coloréalo, y cuando termines puedes decorarlo y aun recortarlo para ponerlo en un lugar de tu habitación donde lo puedas ver todos los días.

Porque la paga del PECADO es MUERTE, mientras que la DÁDIVA de Dios es VIDA eterna en Cristo Jesús, ✳✳✳ nuestro Señor. ✳✳✳

—Romanos 6.23

Encuentra a Jesús en Romanos

El principio del Libro de Romanos es difícil de leer. Nos habla de las cosas malas que el pecado nos ha hecho. El apóstol Pablo expresa que todos nosotros ya estamos espiritualmente muertos, y que tenemos que enfrentar el juicio de Dios por nuestro pecado. ¡Todo parece perdido!

Sin embargo, Dios mismo ha provisto una respuesta a esta situación sin esperanza. Dios ha enviado a Jesús a pagar el precio por nuestros pecados. ¿No es asombroso que Jesús haya hecho eso por nosotros? Cuando creemos en Jesús, suceden dos hechos maravillosos. Primero, ya no tenemos que preocuparnos del juicio de Dios sobre nuestro pecado; y segundo, Jesús nos hace espiritualmente vivos al enviarnos su Espíritu Santo. El Espíritu Santo nos hace cada vez más parecidos a Jesús. Así que todo lo que decimos y hacemos se parecerá cada vez más a Jesús. Mientras eso pasa, nuestra vida espiritual se hará cada vez más fuerte. Experimentaremos más de la maravillosa vida que Dios quiere que tengamos.

Aquí hay algo que te ayudará a recordar el mensaje más importante de Romanos. Copia el versículo a continuación en una tarjeta de cartulina. Decórala y úsala como un separador para el Libro de Romanos.

Esta justicia de Dios llega, mediante la fe en Jesucristo, a todos los que creen. De hecho, no hay distinción, pues todos han pecado y están privados de la gloria de Dios.
—ROMANOS 3.22

Semana 42, día 4

¡Vamos a escribir!

Cuando crees en Jesús, ¡tienes una nueva vida! Jesús envía a su Espíritu Santo a vivir contigo y a guiarte. ¿Cómo te sientes al saber que Dios hace esto para ti?

....

....

....

....

....

El apóstol Pablo quiere que los creyentes tengan la mejor nueva vida posible. Esa vida es producto de vivir como Jesús. ¿Qué significa vivir para Jesús? En Romanos 12.9-21, Pablo describe muchas maneras de ser como Cristo. Lee estos versículos y luego escribe cinco maneras de ser como Jesús.

....

....

....

....

....

Semana 42, día 5

¡Vamos a orar!

Querido Dios:

Gracias por enviar a tu hijo, Jesús. Yo sé que murió para que pueda vivir. Sé que Jesús pagó por mis pecados porque yo no lo podía hacer. No soy perfecto, pero él sí lo es. Gracias por enviarme a tu Espíritu Santo. Te pido que tu Espíritu Santo me guíe en esta nueva vida que me has dado. Quiero ser amoroso y cuidadoso y te quiero servir. Por favor, ayúdame a ser como Jesús; sé que nunca moriré, sino que viviré contigo para siempre. Además, estoy seguro de eso porque creo en Jesús.

¡Amén!

Dibuja el contorno de una cruz en papel encerado. Usa crayones o marcadores permanentes para pintar cada sección y así crear una cruz en vitral. Cuelga la cruz donde el sol puede brillar sobre ella. Esto te recordará lo que Jesús ha hecho por ti.

Semana 42, día 6

¡Manos a la obra!

Cuando crees en Jesús, quieres vivir para que otros vean tu nueva vida. En Romanos 12, Pablo describe cómo es esa vida. Esta demuestra a los demás que estás guiado por el Espíritu Santo. Vivirás cuando demuestres amor por otras personas y les sirvas. Lee Romanos 12; cada versículo te enseñará cómo vivir tu nueva vida. Encuentra las palabras clave para ayudarte. Luego, escribe un plan de vida para demostrar cada palabra encontrada. Hemos hecho una como ejemplo.

Lo que debo hacer	Lo que haré
Amor	Escribiré una nota amable a mi compañero de clase que es víctima de acoso.

¡Vamos a leer!

Dios da regalos a su pueblo para que ellos compartan con los demás.

A todos nos gustan los regalos, pero ¿qué pasaría si siempre esperamos que nos regalen algo? ¿Qué pasaría si ya no los consideramos regalos? ¿Qué ocurriría si pensamos que tenemos derecho a recibirlos? ¿Qué sucedería si todos quieren recibir regalos, pero nadie quiere darlos? ¡No hay manera de que eso funcione!

En 1 y 2 Corintios, el apóstol Pablo escribe a los cristianos que tienen problemas. Ellos no entendían el concepto de dar. No entendían por qué el Espíritu Santo les dio regalos espirituales. Pensaban que habían recibido esos regalos para su propio deleite, y todos querían esos regalos de Dios, pero ¡nadie quería usarlos para ayudar a los demás! En 1 Corintios 3.2, ¡Pablo escribe que actúan como bebés!

Sin embargo, el apóstol explica por qué Dios nos da regalos, y nos dice que no son para que los disfrutemos solos. En 2 Corintios 9.11, Pablo escribe por qué Dios nos da tanto. «Ustedes serán enriquecidos en todo sentido para que en toda ocasión puedan ser generosos...». Eso significa que Dios nos da para que demos a los demás. Cuando vivimos así, ¡nos parecemos cada día más a Jesús!

¿Cómo te sientes cuando recibes un regalo que te encanta? ¿Cómo te sientes cuando das algo a alguien?

Semana 43, día 2

¡Reflexionemos!

Dar a los demás nos hace más parecidos a Jesús. Si pudiéramos dar una sola cosa a alguien, mejoraríamos su vida. Esta actividad te lo recordará. Debajo de cada frase negativa, escribe algo que tú puedes hacer que implique generosidad o una manera de mejorar la vida de alguien. Recuerda que estas son maneras en las que puedes ayudar a los demás.

1. **El mendigo de la esquina no tiene un abrigo para el frío.**

   Yo puedo _____.

2. **Mi compañero de clase está siendo víctima de acoso escolar.**

   Yo puedo _____.

3. **En mi barrio hay una familia que pasa por necesidad.**

   Yo puedo _____.

4. **Conozco a un niño que no tiene tantos juguetes como yo.**

   Yo puedo _____.

5. **Mi papá necesita ayuda con la limpieza del auto.**

   Yo puedo _____.

Encuentra a Jesús en 1 y 2 Corintios

El apóstol Pablo escribe a los creyentes en la ciudad de Corinto sobre algo bastante importante; el acto de dar. Eso se debe a que ¡Jesús sabía dar! Jesús dio todo lo que tenía para ayudar a los demás. No pidió nada para sí mismo, ¡hasta dio su vida por nosotros! Al dar su vida por nosotros, Jesús otorgó vida eterna a todos lo que creen en él; y, aun así, ¡no había terminado de dar! Después de que se fue al cielo, Jesús envió a su Espíritu Santo a los creyentes.

El Espíritu Santo ayuda a los creyentes a ser más generosos, así como Jesús. Las personas que se parecen más a Jesús conocen la alegría verdadera que viene al dar, y Dios quiere que la tengamos; por eso nos da tanto. Él hace eso para que tengamos mucho para compartir con los que nos rodean. ¡Dios quiere que experimentemos esa felicidad de dar a los demás!

Hay muchas formas en que puedes dar a las personas. Puedes pasar tiempo con ellas, hacer algo por ellas y ayudarlas en otras maneras. Cada vez que entregues algo a alguien, dibuja una manzana en el árbol a continuación. Cuando tu árbol esté lleno, ¡tu corazón también estará lleno!

¡Vamos a escribir!

Piensa en todo lo que Dios te ha dado. Busca estos versículos y escribe lo que Dios ha dado a todos los que creen en Jesucristo.

Juan 1.12 _____

Juan 3.16 _____

1 Corintios 12.7 _____

2 Pedro 1.3 _____

1 Juan 5.11 _____

El apóstol Pablo explica que los creyentes que no dan son como bebés. Los bebés solo reciben, pero los creyentes que ayudan a los demás son como Jesús. ¿Eres como un bebé o como Jesús? Escribe lo que piensas aquí.

···

···

1 Y 2 CORINTIOS

¡Vamos a orar!

Querido Dios:

Tú me has dado muchas cosas maravillosas. Me has dado la vida eterna cuando creí en Jesús. Me has dado a tu Espíritu Santo y habilidades especiales para ayudar a los demás, pero no siempre lo he hecho. Quiero ser más como Jesús. Él entregó todo para ayudar a los demás. Así que también quiero dar más. Por favor, muéstrame cómo lo puedo hacer. Te pido eso porque creo en Jesús.

¡Amén!

El Espíritu Santo te mostrará cómo usar tus habilidades para ayudar a los demás. Cuando pienses en formas de dar más como Jesús, escríbelas en los carteles a continuación.

¡Manos a la obra!

Hay muchas cosas que puedes dar a los demás para ayudarles. Puedes regalarles tu tiempo o tu dinero. Puedes regalarles tu cuidado, tu trabajo o tus oraciones. Además, el regalo no tiene que ser grande para que tenga el mismo efecto. En ocasiones, hacer algo pequeño también puede significar mucho para los demás. Puedes pensar en varias cosas que podrías hacer para ayudar a los demás, pero aquí tienes algo fácil y de lo cual toda persona estaría agradecida.

Piensa en personas conocidas que tengan dificultades. Haz una tarjeta para que sepan que oras por ellos. Diles que te preocupas por ellos y que no están solos. Dibuja tu tarjeta en la parte inferior. Después, haz una tarjeta real con papeles de colores. Haz que uno de tus padres u otro adulto te ayude a encontrar su dirección para enviar tu tarjeta. Eso podría ser lo único que necesitas para ayudar a esas personas a sobreponerse de sus problemas. ¡Solo imagina lo felices que se pondrán al recibir tu tarjeta! ¡Su gozo será también el tuyo! Además, ¡serás más como Jesús!

Semana 44, día 1

¡Vamos a leer!

Dios quiere que confiemos en él y no en nosotros mismos para nuestra salvación.

¿Puedes servir una bola de helado con un tallarín mojado? ¡Por supuesto que no! Porque un tallarín mojado no fue hecho para servir bolas de helado. Si tratas de hacer algo con la herramienta equivocada, no funcionará.

Los gálatas eran creyentes que trataban de usar la ley de Dios para el propósito equivocado. Pensaban que podían hacer algo que nunca debieron hacer. ¡Pensaron que obtendrían la vida eterna si hacían esto! Creían que, al cumplir la ley, serían justos con Dios. Sin embargo, el apóstol Pablo les explica que estaban ¡terriblemente equivocados! Esto es lo que escribe al final de Gálatas 2.16: «Sin embargo, al reconocer que nadie es justificado por las obras que demanda la ley, sino por la fe en Jesucristo...». ¿Por qué? Porque solo al obedecer la ley de Dios, a la perfección, se puede ganar la vida eterna, pero el problema es que ninguno de nosotros lo puede hacer. El único que puede obedecer perfectamente es Jesús. Necesitamos confiar en Jesús para nuestra salvación y no en nuestro propio esfuerzo, ya que nunca sería suficiente. La ley de Dios describe cómo vivir la vida que Dios quiere para nosotros, pero no nos da esa vida. Solo la obtenemos al creer en Jesús.

¿Cómo te sientes al saber que necesitas confiar en Jesús para tener tu mejor vida?

GÁLATAS

Semana 44, día 2

¡Reflexionemos!

¡Ayuda a los gálatas a encontrar el camino correcto para ser justos con Dios! Colorea los cuadros para ver el mensaje del apóstol Pablo. Encuentra la letra y el número dado para cada pista. Colorea el espacio donde se juntan la letra y el número. Los tres primeros ya están hechos para enseñarte a resolverlo.

C1, D1, E1, F1, H1, I1, J1, K1, M1, N1, O1, P1, R1, S1, T1, U1, C2, H2, K2, M2, R2, C3, H3, K3, M3, R3, C4, H4, I4, J4, K4, M4, N4, O4, R4, S4, T4

C5, H5, I5, M5, R5, C6, H6, J6, M6, R6, C7, D7, E7, F7, H7, K7, M7, N7, O7, P7, R7, S7, T7, U7 G9, H9, I9, J9, L9, R9, G10, L10, M10, R10

G11, L11, N11, R11, G12, H12, I12, L12, O12, R12, G13, L13, P13, R13, G14, L14, Q14, R14, G15, H15, I15, J15, L15, R15

V15, U16, C17, D17, E17, F17, G17, I17, J17, K17, L17, N17, O17, P17, Q17, S17, V17, X17, Y17, Z17, a17, E18, I18, N18, S18, V18, X18, E19, I19, N19

S19, V19, X19, E20, I20, J20, K20, N20, O20, P20, Q20, S20, V20, X20, Y20, Z20, a20, E21, I21, Q21, S21, V21, a21, C22, E22, I22, Q22, S22, V22, a22, C23

D23, E23, I23, J23, K23, L23, N23, O23, P23, Q23, S23, T23, U23, V23, X23, Y23, Z23, a23

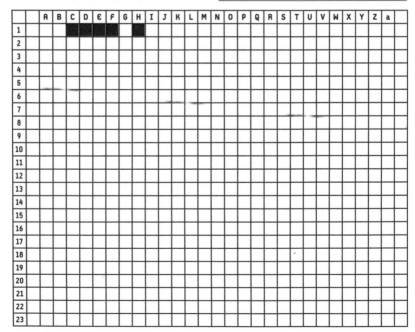

272

Encuentra a Jesús en Gálatas

Cuando buscamos a Jesús en Gálatas nos damos cuenta que hacemos lo mismo que ellos hicieron: olvidaron lo que Jesús había hecho por ellos, y ¡trataron de hacerlo por su propia cuenta!

Jesús obedeció perfectamente todas las leyes de Dios por nosotros. Así que, cuando creemos en Jesús, ¡Dios nos da el crédito por lo que Jesús hizo! ¿¡No es asombroso!? ¿Por qué alguien trataría de hacer algo imposible cuando Jesús ya lo hizo por nosotros? Esto menciona Pablo en Gálatas 2.16: «... también nosotros hemos puesto la fe en Cristo Jesús, para ser justificados por la fe en él y no por las obras de la ley; porque por estas nadie será justificado».

Los creyentes aún tratamos de seguir las instrucciones de Dios, pero no lo hacemos para tratar de ser justos con él, sino porque al hacerlo nos haremos más como Jesús.

Este versículo te recordará tu lugar en el reino de Dios. Copia Gálatas 2.20 a continuación. Decóralo y cuélgalo en tu habitación.

> «He sido crucificado con Cristo, y ya no vivo yo, sino que Cristo vive en mí. Lo que ahora vivo en el cuerpo, lo vivo por la fe en el Hijo de Dios, quien me amó y dio su vida por mí».
>
> —Gálatas 2.20

Semana 44, día 4

¡Vamos a escribir!

¿Alguna vez has sentido que tienes que ganarte la bendición de Dios? ¿Se te hace difícil creer que no hay nada que puedas hacer para ganar tu salvación? Explica a continuación.

....

....

....

Piensa en cómo sería si tuvieras que ganarte tu salvación. ¿Crees que podrías obedecer a la perfección toda la ley de Dios? En ese caso, ¿estás más agradecido por lo que Jesús ha hecho por ti? Escribe lo que piensas aquí.

....

....

....

Semana 44, día 5

¡Vamos a orar!

Querido Dios:

Admito que, en ocasiones, creo que puedo ganarme tu bendición. Pienso que cuando soy bueno y obedezco tu ley, gano puntos contigo, pero no es así. Por Jesucristo, tengo todos los puntos que necesito. Sé que él es el único que pudo obedecer tu ley a la perfección. Gracias por darme el crédito de lo que has hecho. Por favor, ayúdame a confiar en él y no en mí mismo para mi salvación. Te pido esto porque creo en Jesús.

¡Amén!

Recorta el marcador de libros. Úsalo para hacer un seguimiento de tu progreso con el Libro de Gálatas.

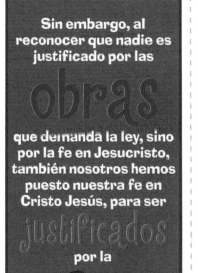

Sin embargo, al reconocer que nadie es justificado por las obras que demanda la ley, sino por la fe en Jesucristo, también nosotros hemos puesto nuestra fe en Cristo Jesús, para ser justificados por la fe en él y no por las obras de la ley; porque por estas nadie será justificado.

—Gálatas 2.16

¡Reflexionemos!

Pablo nos enseña cómo debe ser la buena vida. Busca los versículos a continuación. Observa lo que hace Pablo. Primero describe cómo nos destruye el pecado. Luego, expone cómo Dios nos sana de nuevo. Encuentra la forma opuesta de vivir que Dios hace posible para nosotros.

Efesios 4.25   **En lugar de mentir, nosotros**

_____

Efesios 4.28   **En lugar de robar, nosotros**

_____

Efesios 4.29   **En lugar de hablar obscenidades, nosotros**

_____

Efesios 4.31–32   **En lugar de practicar la malicia, nosotros**

_____

Cuando hacemos estas cosas buenas, las personas las pueden oír y ver. Cuando lo hacen, entenderán la clase de vida que Dios también quiere para ellos. Es la vida que pueden obtener al creer en Jesús.

Encuentra a Jesús en Efesios

Así que, ¿creer en Jesucristo nos hace nuevos otra vez? El apóstol Pablo explica que antes de creer en Jesucristo, estábamos separados de él. Lee Efesios 2.12. En cada versículo, Pablo nos dice cómo éramos antes de creer en Jesús. ¡No es un buen panorama! Él expone que estábamos sin esperanza y sin Dios, pero así no es como Dios nos había creado. ¡Él quiere que seamos mucho más que eso!

Ahora, lee Efesios 2.17-19. ¿Entendiste todo lo bueno que es verdadero para todos los que creemos en Jesús? Tenemos paz y ya no somos extranjeros ni extraños para Dios. Somos ciudadanos del reino de Dios. ¡Somos miembros de su familia! ¡Eso es maravilloso! Además, cuando creemos en él, somos todo lo que Jesús hace por nosotros.

¡Todos somos miembros de la familia de Dios! Escribe los nombres de las personas en tu vida cristiana en pedazos pequeños de papel. Pega estos nombres en el árbol a continuación. Recuerda lo que nos dice Efesios 2.19: «… ustedes ya no son extraños ni extranjeros, sino conciudadanos de los santos y miembros de la familia de Dios».

Semana 45, día 4

¡Vamos a escribir!

El pecado destruye nuestra relación con Dios y también con otras personas. Lee Efesios 4.25-32. Piensa en lo que el apóstol Pablo dice que debemos y no debemos hacer. Piensa en una cosa en esos versículos que tú haces. Escríbela aquí y comenta cómo afecta tu relación con los demás. Luego, explica cómo la puedes cambiar.

....

....

....

Dios quiere que las personas sepan de la maravillosa vida que pueden tener al creer en Jesús. Tú puedes demostrarla a los demás con tu forma de vivir. ¿Qué cosas harías para demostrar al resto cómo es esa vida? Escribe tus ideas aquí.

....

....

....

Semana 45, día 5

¡Vamos a orar!

Querido Dios:

Gracias por arreglar mi vida rota. Gracias por darme una nueva y mejor vida porque creo en Jesús. Él me muestra cómo es esa vida. Yo sé que quieres que los demás también sepan de ella, y ¡yo también lo quiero! Ayúdame a decir y hacer cosas que les ayuden a entender esta vida. Te pido esto porque creo en Jesús.

¡Amén!

Haz una lista de diez cosas que puedes hacer para demostrar a los demás cómo es una nueva vida en Jesús. Nuevamente, lee Efesios 4.25-32 para obtener ideas.

1. _____
2. _____
3. _____
4. _____
5. _____
6. _____
7. _____
8. _____
9. _____
10. _____

281

¡Manos a la obra!

El pecado hace mucho daño. Lastima nuestra comunión con Dios y arruina nuestra relación con los demás. Dios quiere algo mejor para los seres humanos. Las personas pueden tener una mejor vida al confiar en Jesús.

Lee Efesios 6.10-18. ¿Te fijaste que estos versículos suenan como que estamos en batalla? Bien, ¡así es! Sin embargo, la batalla no es contra otras personas, sino que es contra el pecado y el diablo. Debemos pelear contra el pecado y el diablo al vivir como Dios quiere. La armadura de Dios tiene seis partes. Escribe junto a cada parte qué es y en qué te ayuda. Luego, haz un dibujo de ti mismo con toda la armadura. Usa tu dibujo como un recordatorio de cómo debes vivir. Además, esto te recordará compartir con los demás sobre las buenas nuevas de Jesucristo.

¡Vamos a leer!

**Dios nos da alegría sin importar
lo mal que estén las cosas.**

Dios nos da alegría sin importar lo mal que estén las cosas.

Cuando el año escolar está casi terminado, ¿acaso no anhelas las vacaciones de verano? Tal vez, harás un viaje con tu familia, irás a la playa o a la piscina o podrás salir con tus amigos. ¡Sabes que será bueno! Sin embargo, hasta que el año escolar termine, tendrás que hacer tus tareas y todavía tendrás que ir a la escuela. ¡Todo eso puede ser difícil! Sin embargo, mientras te esfuerzas en la escuela, ¡sabes que las vacaciones de verano están por venir! Eso hace que tu tarea no sea tan difícil.

Esto se parece a lo que el apóstol Pablo escribe a los creyentes en su carta de Filipenses. Les explica que es posible que ellos tengan que hacer cosas difíciles porque las personas podrían ser malas con ellos tan solo por creer en Jesús, y hasta podrían ser encarcelados como Pablo. Pero también les explica a los creyentes que, a pesar de todo, tendrán alegría, aun cuando experimenten situaciones difíciles, porque las promesas de Dios para ellos son verdaderas. Son sus hijos sin importar lo mal que estén las cosas. Además, tú también eres un hijo de Dios cuando crees en Jesús. ¡Él tiene algo maravilloso disponible para ti en el futuro! Recuerda que puede ayudarte en los tiempos difíciles.

¿Qué clase de tarea consideras difícil? ¿Qué clase de tarea te da alegría?

283

Semana 46, día 2

¡Reflexionemos!

¡Jesús nos guarda y nos alienta siempre! Escribe esta oración en el mapa del tesoro en la parte inferior. Comienza en la esquina superior izquierda. Luego, pon una letra en cada cuadro. No dejes espacios entre las palabras. Cuando termines una fila, continúa en la siguiente. Al terminar, mira las letras en los cuadros sombreados y escribe la palabra que forman. Si las pones en el orden correcto, ¡descubrirás el tesoro que Jesús te ha dado!

Encuentra a Jesús en Filipenses

El apóstol Pablo quería que los filipenses supieran que podían tener alegría. ¡Para eso vino Jesús! Cuando Jesús nació, un ángel avisó a los pastores de este acontecimiento, y exclamó: «No tengan miedo. Miren que les traigo buenas noticias que serán motivo de mucha alegría para todo el pueblo. Hoy les ha nacido en la Ciudad de David un Salvador, que es Cristo el Señor» (Lc 2.10-11).

Jesús vino para que tengamos alegría. Podemos tenerla si creemos en lo que él prometió. Nos dijo que cuando creemos en él, nos convertimos en hijos de Dios. Además, Dios siempre amará a sus hijos, sin importar lo mal que estén las cosas. Jesús quiere que tengamos la misma alegría que él tuvo. Esto nos dice en Juan 15.11: «Les he dicho esto para que tengan mi alegría y así su alegría sea completa».

Podemos tener la misma alegría que Jesús tuvo cuando recordamos lo que Pablo escribió a los filipenses. ¡Era tan importante que lo mencionó dos veces! En Filipenses 3.1 y en 4.4, expone: «Alégrense en el Señor». Siempre le perteneceremos al Señor. Así que, ¡estaremos alegres sin importar lo que pase!

Colorea las palabras a continuación para que recuerdes confiar en Jesús.

Semana 46, día 4

¡Vamos a escribir!

Nada puede quitarte la bendición porque crees en Jesús. Tú eres su hijo. Él siempre estará contigo. Tienes una relación especial con él que durará para siempre. Explica cómo te hacer sentir esto.

....

....

....

....

....

Tal vez crees que otras cosas te darán alegría. ¿Por qué es mejor encontrar alegría en tu relación con Dios? Escribe tu opinión a continuación.

....

....

....

....

....

¡Vamos a orar!

Querido Dios:

Gracias por hacerme tu hijo al creer en Jesús. Tú siempre estarás conmigo y siempre me amarás. Saber eso me ayuda a tener alegría aun en los tiempos difíciles. Admito que, en ocasiones, busco la alegría en otras cosas. Lo lamento. Sé que las otras cosas no perduran, pero tú eres el único que permanece para siempre. Así que, tu amor para mí, ¡también permanecerá para siempre! Por favor, ayúdame a recordar eso. De esta manera, ¡mi alegría también permanecerá para siempre! Te pido esto porque creo en Jesús.

¡Amén!

Colorea el versículo a continuación para que recuerdes ser alegre.

Alégrense siempre en el Señor. INSISTO: ¡Alégrense!

—Filipenses 4.4

287

Semana 47, día 6

¡Manos a la obra!

Cuando realmente creemos que Jesús es más grande que cualquier otra cosa, hacemos lo que él nos pide. El Libro de Colosenses describe algunas de las cosas que podemos hacer. Esto demostrará a los demás que pensamos que Jesús es el más grande. El primer paso es descubrir qué son estas cosas. Puedes encontrarlas al llenar los espacios en blanco en los versículos en la parte inferior. Después de llenar los espacios en blanco, escribe cómo conseguirás hacerlo. La primera ya ha sido resuelta como ejemplo. Luego, ora y pide a Dios que te ayude a lograrlo. Anota el día de la semana cuando lo harás. Mira cuántas puedes cumplir durante esta semana.

VERSÍCULO	¿QUÉ HARÉ?	¿CUÁNDO LO HARÉ?
Colosenses 2.7 «Y [sean] llenos de gratitud».	Me aseguraré de agradecer a mis maestros esta semana.	
Colosenses 3.5 «Hagan morir todo lo que es propio de la naturaleza _____».		
Colosenses 3.8 «Abandonen también todo esto: enojo, ira, malicia, calumnia y _____».		
Colosenses 3.12 «Como escogidos de Dios, [sean] _____ y _____».		
Colosenses 3.12 «Revístanse de afecto entrañable y _____».		
Colosenses 3.13 «De modo que se _____ unos a otros».		
Colosenses 3.20 «Hijos, _____ a sus padres en todo».		
Colosenses 4.6 «Que su _____ sea siempre amena y de buen gusto».		

¡Vamos a leer!

Dios quiere que lo sirvamos diligentemente hasta que Jesús regrese.

¿Alguna vez has viajado en auto? Tal vez, querías llegar lo más pronto a tu destino. Quizás te pareció mucho más largo de lo que te hubiera gustado que fuera. Probablemente, preguntaste más de una vez: «¿Ya llegamos?». Solo podías pensar en el final del viaje. Y probablemente había mucho por ver y hacer durante el camino, pero te lo perdiste. ¡Solo querías llegar a tu destino!

Eso se parece mucho al problema que tenían los tesalonicenses. Pensaban demasiado en el regreso de Jesús. ¡Ciertamente, Jesús regresará! Sin embargo, los tesalonicenses no entendían cómo debían vivir hasta que eso suceda. ¡Hay tanto que ver y hacer antes de que Jesús regrese! El apóstol Pablo escribió esta carta para recordárselos.

En 1 y 2 Tesalonicenses, el apóstol Pablo describe la vida cristiana como el campo de un agricultor. Este campo debía producir una buena cosecha. La vida de una persona que cree en Jesús también debe producir cosas buenas; como por ejemplo paciencia, respeto, ayuda a los demás y bondad. Cuando los demás vean estas cualidades, ¡también anhelarán creer en Jesús! Dios quiere que hagamos esto hasta que Jesús regrese.

¿Alguna vez te has comparado con un granjero? O ¿alguna vez has pensado que tu vida es un campo de cultivo? ¿Qué clase de buenas «cosechas» produce tu vida?

1 Y 2 TESALONICENSES

Semana 48, día 2

¡Reflexionemos!

Los tesalonicenses se habían hecho perezosos, pero Pablo describe todo tipo de cosas que un cristiano debe hacer diligentemente. Cada versículo, a continuación, nos enseña lo que un cristiano debe hacer, pero falta una palabra en cada uno. Encuentra esa palabra con la ayuda de tu Biblia NVI. Luego, ubícala en la sopa de letras. Las palabras pueden encontrarse hacia atrás, hacia adelante, vertical, horizontal o diagonal.

1. Dios no nos llamó a la impureza, sino a la _____ .
   1 Tesalonicenses 4.7

2. A procurar vivir en _____ con todos.
   1 Tesalonicenses 4.11

3. Por lo tanto, _____ unos a otros con estas palabras.
   1 Tesalonicenses 4.18

4. No debemos, pues, dormirnos como los demás, sino mantenernos _____ y en nuestro sano juicio.
   1 Tesalonicenses 5.6

5. Téngalos en alta estima, y _____ por el trabajo que hacen.
   1 Tesalonicenses 5.13

6. _____ a los débiles.
   1 Tesalonicenses 5.14

7. _____ a los desanimados.
   1 Tesalonicenses 5.14

8. Esfuércense siempre por hacer el _____, no solo entre ustedes, sino a todos.
   1 Tesalonicenses 5.15

9. Estén siempre _____ .
   1 Tesalonicenses 5.16

10. _____ sin cesar.
    1 Tesalonicenses 5. 17

11. Den _____ a Dios en toda situación.
    1 Tesalonicenses 5.18

12. Como es justo, porque su _____ se acrecienta cada
    vez más. **2 Tesalonicenses 1.3**

13. Hermanos, sigan firmes y manténganse _____ a las
    enseñanzas. **2 Tesalonicenses 2.15**

14. Que el Señor los lleve a amar como Dios _____ .
    2 Tesalonicenses 3.5

15. Que se aparten de todo hermano que esté
    viviendo como un vago y no según las
    _____ recibidas.
    2 Tesalonicenses 3.6

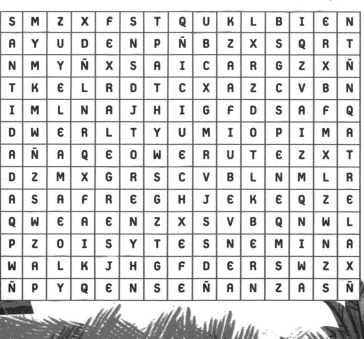

S	M	Z	X	F	S	T	Q	U	K	L	B	I	E	N
A	Y	U	D	E	N	P	Ñ	B	Z	X	S	Q	R	T
N	M	Y	Ñ	X	S	A	I	C	A	R	G	Z	X	Ñ
T	K	E	L	R	D	T	C	X	A	Z	C	V	B	N
I	M	L	N	A	J	H	I	G	F	D	S	A	F	Q
D	W	E	R	L	T	Y	U	M	I	O	P	I	M	A
A	Ñ	A	Q	E	O	W	E	R	U	T	E	Z	X	T
D	Z	M	X	G	R	S	C	V	B	L	N	M	L	R
A	S	A	F	R	E	G	H	J	E	K	E	Q	Z	E
Q	W	E	A	E	N	Z	X	S	V	B	Q	N	W	L
P	Z	O	I	S	Y	T	E	S	N	E	M	I	N	A
W	A	L	K	J	H	G	F	D	E	R	S	W	Z	X
Ñ	P	Y	Q	E	N	S	E	Ñ	A	N	Z	A	S	Ñ

1 Y 2 TESALONICENSES

¡Vamos a orar!

Querido Dios:

En ocasiones no pienso en lo que quieres que haga, sino que hago lo que yo quiero. Sin embargo, sé que quieres que ayude a los demás a ver cómo es Jesús para que también puedan creer en él. Ayúdame a ver las oportunidades que están a mi alrededor para hacer el bien. Sé que mi propia fe crecerá cuando haga estas cosas para ti, y mi relación con Jesús será cada vez más cercana. Te pido esto porque creo en Jesús.

¡Amén!

Enumera algunas ideas para demostrar a los demás cómo es Jesús. Lee 1 Tesalonicenses 5.14-15 para obtener más ideas.

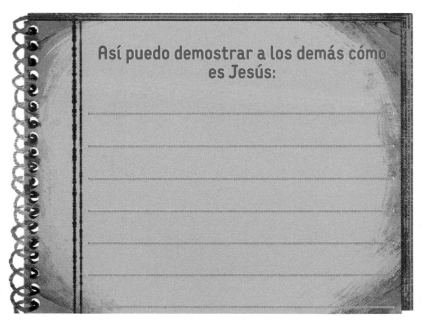

Así puedo demostrar a los demás cómo es Jesús:

¡Manos a la obra!

La Biblia explica que las cosas buenas que hacen los creyentes son «los frutos» de su fe. Estos «frutos» o cosas buenas demuestran el amor de Jesús hacia los demás.

Aquí tienes algo que puedes hacer para que recuerdes hacer cosas buenas. Abajo tienes la imagen de un árbol de manzanas. Cada vez que hagas algo bueno, dibuja una manzana en él. Escribe lo que hiciste junto a cada manzana. Tal vez, animaste a alguien que estaba triste o ayudaste a tu hermano o hermana con su tarea; o saludaste a alguien a quien, usualmente, no le hablas en la escuela. Hay muchas cosas que puedes hacer. Pídele a Dios que te ayude. ¡Observa cuántas manzanas puede producir tu árbol! Como tu árbol de manzanas que cada vez da más frutos, ¡así será tu vida como creyente!

1 Y 2 TESALONICENSES

Semana 49, día 3

Encuentra a Jesús en 1 Timoteo

El apóstol Pablo amaba a los creyentes de la ciudad de Éfeso, y los animaba a demostrar su amor por Jesús con su forma de vivir.

En Juan 14.6, Jesús nos enseña que es «el camino, la verdad y la vida». Eso significa que todo el que lo busca puede ver el *camino* de la vida; también verán cómo vivir en la *verdad* de la Biblia y dónde pueden encontrar la verdadera *vida*. Jesús nos enseñó estas cosas mediante su manera de vivir.

Dios nos hace como Jesús, eso quiere decir que también debemos demostrar a las personas la vida que Dios quiere para ellos. Esto le pide Jesús al Padre en Juan 17.18: «Como tú me enviaste al mundo, yo los envío también al mundo». ¿Estás listo para mostrar a los demás la vida que Dios quiere para ellos?

En el marco a continuación, dibújate demostrando el amor hacia Jesús con tu manera de vivir.

¡Vamos a escribir!

Todo el que cree en Jesús puede mostrar a los demás la buena vida que Dios quiere para ellos; y, ¡eso incluye a los jóvenes como tú! Tu edad no es lo importante, sino tu fe en Jesús. ¿Cómo te sientes al respecto?

....

....

....

....

Lee 1 Timoteo 4.12. ¿En qué formas puedes ser «un ejemplo a seguir en la manera de hablar, en la conducta, y en amor, fe y pureza»? Escribe aquí tus ideas.

....

....

....

....

I TIMOTEO

Semana 49, día 5

¡Vamos a orar!

Querido Dios:

Gracias por enviarme a Jesús. Él nos enseñó sobre la nueva vida que quieres para nosotros, y nos enseñó cómo es esa vida. Por favor, ayúdame a ser más como Jesús y a ser un ejemplo para los demás con mi forma de vivir. Ayúdame a mostrarles la mejor vida que quieres para ellos. Te pido esto porque creo en Jesús.

¡Amén!

Aquí hay algo que te ayudará cada vez que ores. Usa la mano de Charli para que recuerdes orar por las personas en tu vida. Ora por los que necesitan encontrar una nueva vida en Jesús.

¡Manos a la obra!

La Biblia nos guía por el buen camino. Nos dice la verdad y nos enseña a vivir de acuerdo con la verdad. Este proyecto te lo recordará.

Necesitarás al menos cuatro personas para jugar, y que sea un número par de jugadores. Divide los participantes en equipos de dos. Escoge un líder para cada equipo, y la otra persona se vendará los ojos. Los participantes que estén vendados tendrán que buscar algo. Coloca un objeto al final de la habitación o del patio. Los guías darán direcciones a los que llevan vendas para que puedan encontrar el objeto. El primer equipo que encuentre el objeto gana el juego. Participa dos veces. Luego, cada jugador intercambiará lugares.

Recuerda el mensaje de 1 Timoteo cuando participes en este juego. Dios te dio una nueva vida cuando creíste en Jesús. En la Biblia, Dios te enseña cómo vivir, y cuando lo haces estás en el buen camino. Además, ¡así guiarás a los demás hacia el camino correcto! Eres como el guía que ayuda a la persona de ojos vendados a encontrar el objeto, y a través de tu ejemplo, ¡ayudarás a los demás a encontrar la nueva vida en Jesucristo!

1 TIMOTEO

Semana 50, día 1

¡Vamos a leer!

Dios quiere que hagamos lo correcto y que nos alejemos del mal.

El apóstol Pablo quería que Timoteo le pidiera al pueblo que deje de hacer cosas incorrectas. Puedes leer sobre esto en 2 Timoteo 3.1-5. Pablo advierte a la iglesia que las personas harán cosas malas. Esas cosas son como direcciones equivocadas en un laberinto. Seguirlas te podría causar todo tipo de problemas, y te alejarían de la buena vida que Dios quiere para ti. El apóstol Pablo quería asegurarse de que los creyentes en Éfeso tuvieran esa buena vida.

Como cristianos, tenemos las herramientas que nos ayudan a vivir una buena vida. Podemos tener la mejor vida posible porque creemos en Jesucristo.

Para ti, ¿qué significa que Dios quiere que tengas la mejor vida?

¡Reflexionemos!

2 TIMOTEO

El apóstol Pablo quería ayudar a la iglesia de Éfeso. Quería asegurarse de que no irían en la dirección equivocada, sino que buscaran la verdad que se les había enseñado. Al seguir esa verdad, también se mantendrían en el buen camino. Además, ¡esto también mostraría a los demás el camino correcto! La Biblia nos ayuda a hacer lo que es bueno; nos ayuda a seguir la dirección correcta.

¿Puedes encontrar la dirección correcta en el laberinto a continuación? Hay muchos caminos equivocados que puedes seguir. ¡Solamente un camino te llevará a salvo hasta el final!

VERDAD

Semana 50, día 3

Encuentra a Jesús en 2 Timoteo

Puede ser difícil hacer lo correcto y alejarnos del mal. En 2 Timoteo 3.12, el apóstol Pablo describe lo que les pasa a las personas que tratan de hacer eso. Él escribe: «Así mismo serán perseguidos todos los que quieran llevar una vida piadosa en Cristo Jesús».

Jesús siempre hizo lo correcto y se alejó del mal. ¡Él sabe lo difícil que es para nosotros! Él envió a su Espíritu Santo para ayudar a los creyentes a hacer lo correcto. 2 Timoteo 1.7 expone: «Pues Dios no nos ha dado un espíritu de timidez, sino de poder, de amor y de domino propio». De esta manera, el Espíritu Santo nos ayuda a vivir como Jesús.

Lee 2 Timoteo 3.14-15 en tu Biblia NVI. Escribe los versículos en la parte inferior. ¿Te diste cuenta de que hablan sobre ser como un niño? ¿Qué piensas de eso? Esos versículos son excelentes para escribirlos en tarjetas y colgarlos donde los puedas ver todos los días.

....

....

....

....

....

¡Vamos a escribir!

En algunas ocasiones, las personas no hacen lo correcto. En lugar de eso, hacen cosas que Jesús nunca hizo. El apóstol Pablo describe esas acciones en 2 Timoteo 3.1-5. ¿Has hecho alguna vez una de esas cosas? ¿Qué piensas ahora de tus acciones?

....

....

....

....

¿Alguna vez te han hecho una de esas cosas? ¿Cómo te sentiste? Escribe aquí.

....

....

....

....

Semana 50, día 5

¡Vamos a orar!

Querido Dios:

Por favor, ayúdame a alejarme del mal y hacer lo correcto. Es posible que, en ocasiones, sea difícil para mí. Quizás incluso otras personas me traten mal cuando haga lo correcto. Gracias por enviarme a tu Espíritu Santo para darme valor y fortaleza. Gracias porque tu Espíritu me puede ayudar a ser más como Jesús. Te pido esto porque creo en Jesús.

¡Amén!

Lee 2 Timoteo 4.5 en tu Biblia NVI. ¿Cómo anima Pablo a Timoteo? ¿Puedes ver las cuatro cosas que Pablo le pide que haga? Escríbelas abajo y pide a Dios que te ayude a vivir de esa manera.

¡Manos a la obra!

Habla con algunos cristianos adultos que conozcas. Pídeles un consejo para vivir como Jesús. Escríbelos en las nubes de pensamiento a continuación. Coloca estas ideas en tu habitación para que las recuerdes.

313

Semana 51, día 1

¡Vamos a leer!

Dios quiere que mostremos a los demás cómo es la verdad.

¿Alguna vez has recibido una caja por correo? ¿Te emocionaste? Antes de abrirla, probablemente trataste de adivinar lo que había dentro. Tal vez, sacudiste la caja un poco para descubrir qué era. Quizás, buscaste la dirección del remitente; y te fijaste en el aspecto *exterior* de la caja para tratar de descubrir lo que estaba en el *interior*.

El apóstol Pablo escribió esta carta a su amigo Tito para aconsejarle. Tito nombraba ancianos en las iglesias de la isla de Creta. Pablo quería orientar a Tito sobre lo que debía buscar en esos ancianos. En realidad, eran cosas que todos los creyentes debían tener. Pablo quería que Tito estuviera seguro de que el *interior* de un creyente se pueda ver en el *exterior*. ¡Así como tú miraste la caja que recibiste por correo! Tu exterior dice mucho de tu interior. Sabemos la verdad con nuestra cabeza. Dios nos lo ha descrito en la Biblia, pero en ocasiones, no mostramos la verdad con nuestra forma de vivir. El apóstol Pablo nos escribe en su libro cómo debe ser la verdad y nos explica que los demás deben verla cuando nos miran.

¿Cómo crees que debe verse un creyente interior y exteriormente?

¡Reflexionemos!

Tito y los creyentes de la isla de Creta conocían la verdad, pero el apóstol Pablo quería asegurarse de que la *demostraran*. En Tito 3.1-2, el apóstol explica cómo es la verdad. Si la ponemos en práctica, las personas podrán conocerla. Así, ¡verán la vida que Dios también quiere para ellos!

Todas las palabras y las oraciones abajo vienen de Tito 3.1-2, pero están desordenadas. Trata de ordenarlas para que puedas ver la verdad más claramente. Si te estancas, puedes leer Tito 3.1-2 para encontrar las respuestas.

1. stMrarsoe ebisndteeo y sousism tean ols tobnageerns y als tdoanurdsia.

   _____

2. eipemSr ndbee retas pdssstouei a eachr ol nubeo.

   _____

3. oN aharbl aml ed andei.

   _____

4. uBascr al apz.

   _____

5. reS poeurestoss.

   _____

6. amdDeostrno lnpea imlauddh ne us ttaor onc odto le domnu.

   _____

Encuentra a Jesús en Tito

El apóstol Pablo sabía que lo que le pedía a Tito era una tarea difícil. Los líderes de la iglesia tenían que mostrar la verdad y también hablarla. ¡Eso es difícil de hacer!

Sin embargo, Jesús era diferente. Demostró la verdad en todo lo que hizo. ¡Mostró las palabras de Dios tan claramente que hasta se lo llamó «el Verbo»! Puedes leer esto en Juan 1.1-5, y en Juan 6.38, Jesús expresa que bajó del cielo para hacer la voluntad de Dios. Observa que no dice que vino a *aprender* la voluntad de Dios. ¡Él vino a *hacerla!*

El apóstol Pablo quiere que Tito busque gente así, personas que traten de hacer lo que Jesús hizo. Él escribe: «… para que los que han creído en Dios se empeñen en hacer buenas obras…» (Tito 3.8). Cuando hacemos eso, ¡nos parecemos a Jesús!

El apóstol Pablo le pidió a Tito que busque un cierto tipo de líder para la iglesia. ¿Conoces a líderes así? Usa el marco a continuación para escribir sobre alguno o dibujarlo.

¡Vamos a escribir!

TITO

Piensa en una ocasión cuando viste a una persona hacer algo bueno. ¿Cómo te mostró ese comportamiento lo que la Biblia nos pide hacer? ¿Cómo te mostró su comportamiento algo verdadero sobre Jesús? Escribe tu respuesta aquí.

....

....

....

Regresa al día 2 y lee las oraciones que escribiste. ¿Qué verdades de la Biblia muestran esos comportamientos a los demás? Explica a continuación.

....

....

....

¡Vamos a orar!

Querido Dios:

Gracias por darnos la verdad. Tú nos dices la verdad en la Biblia, y enviaste a tu Hijo para mostrárnosla. Quiero conocer la verdad y vivirla. Por favor, ayúdame a exponer a los demás la verdad sobre ti. Ayúdame a ser más como Jesús para que cuando las personas me miren, puedan ver la verdad sobre él. De esta manera, también anhelarán saber más de su verdad, como yo lo hago. Te pido que me ayudes a hacer esas cosas porque creo en Jesús.

¡Amén!

Copia la imagen de esta cruz muchas veces en un pedazo de papel. Luego, lee Tito 3.1-2. En estos versículos, el apóstol Pablo enseña a Tito varias formas de exponer la verdad. Escribe cada una en una cruz, y ora para que Dios también te ayude a mostrar esa verdad de mejor manera en tu vida.

318

¡Manos a la obra!

Aquí tienes un proyecto que puedes hacer con tus amigos. Te recordará mostrar la verdad de la que Dios habla en la Biblia.

Cada participante se turnará para actuar y hará algo que hizo Jesús. Puedes escoger algunas cosas de esta lista.

- Decir la verdad.
- Hacer lo correcto.
- Decirle no al pecado.
- Amar a los demás.
- Ser amable.
- Vivir en paz.
- Ser bondadoso.
- Animar a los demás.

El actor tratará de que los demás participantes adivinen su acción, pero no puede utilizar ninguna palabra. Deberá actuar hasta que alguien adivine la respuesta correcta. Cuando alguien la adivine correctamente, tomará el turno como actor. Continua el juego hasta que todos hayan tenido la oportunidad de ser actores. ¡La persona que adivine más rápido, gana!

319

Semana 52, día 1

¡Vamos a leer!

Dios quiere que los creyentes se acepten los unos a los otros, así como él nos acepta.

Tal vez tengas un hermano o una hermana, o quizás un amigo cercano que lo consideras como un hermano. Probablemente, ustedes son diferentes en muchas maneras. Podrían verse diferentes, ser más fuertes, o más débiles que tú, pero sabes que las diferencias no son tan importantes como lo que tienen en común.

Eso es lo que el apóstol Pablo le escribe a Filemón en su carta. Filemón tenía un esclavo llamado Onésimo. En aquellos días, algunas personas pensaban que tener esclavos estaba bien, pero ¡Jesús cambió todo! Filemón se hizo cristiano y también Onésimo. Pablo le pidió a Filemón que ya no considere a Onésimo como su esclavo, sino que ¡lo considere su hermano! ¿Te imaginas? ¡Hasta las personas que tenían esas diferencias podían ser hermanos! Esto era posible porque los dos creían en Jesús.

Dios nos ama tanto que envió a Jesús para que sea nuestro hermano, y ahora quiere que todos los creyentes también se traten como hermanos y hermanas. Si Dios quiere hacer eso, ¡entonces nosotros también!

¿A quién te es fácil considerar tu hermano o hermana? ¿A quién se te hace difícil de hacerlo? ¿Qué puedes hacer al respecto?

320

¡Reflexionemos!

En ocasiones, nos enfocamos mucho en las diferencias entre nosotros y no nos fijamos en las similitudes. Todo tipo de personas creen en Jesucristo; es posible que parezcan diferentes los unos de los otros, pero tienen algo bastante importante en común, ¡todos creen en Jesucristo! Eso significa que son hermanos en el reino de Dios. Los hermanos pueden tener muchas diferencias, pero no son tan importantes como lo que tienen en común.

En la siguiente actividad, cada par de palabras parece ser diferente, pero también tienen algo en común. Para cada pareja, piensa en por lo menos cinco cosas que tengan en común. Escríbelas en las líneas.

1. Un elefante y un ratón

_____

2. Un lápiz y un bolígrafo

_____

3. Queso y mermelada

_____

4. Una mesa y una silla

_____

321

5. Una puerta y una ventana

_____

Semana 52, día 3

Encuentra a Jesús en Filemón

¿Puedes imaginar una diferencia más grande que la que hay entre Dios y nosotros? Dios es el más poderoso; lo sabe todo y es perfectamente bueno. ¡No se parece en nada a nosotros! Sin embargo, él se hizo humano y fue llamado Jesús, y lo hizo para poder ser nuestro hermano. ¡Qué asombroso! Podemos leer sobre esto en Hebreos 2.11.

«Tanto el que santifica como los que son santificados tienen un mismo origen, por lo cual Jesús no se avergüenza de llamarlos hermanos».

Así que el apóstol Pablo le pide a Filemón que ¡haga lo que Jesús hace! Filemón debía llamar hermano a Onésimo.

Además, la verdad de Filemón es también para nosotros, por eso deberíamos llamar «hermanos» a todos los creyentes. Seguro que hay muchas diferencias entre nosotros, pero tenemos en común lo más importante. Todos creemos en Jesús para nuestra salvación.

Conmi quiere que aceptes a la familia de Dios. Pablo quiere que Filemón acepte a Onésimo. A continuación, escribe los nombres de algunas personas que puedes aceptar de esa manera.

....

....

....

....

¡Vamos a escribir!

FILEMÓN

Dios se hizo humano para tener una relación con nosotros. Él quiere que seamos sus hermanos. ¡Imagínate! ¡El creador del cielo y de la tierra quiere tener una relación contigo! ¿Cómo te sientes al respecto? Escríbelo aquí.

....

....

....

¿Consideras que otros creyentes son tus hermanos? ¿Qué pasa si actúan diferente a ti? ¿Qué pasa si no son como tú? Piensa en esto y escribe tu opinión a continuación.

....

....

....

323

Semana 52, día 5

¡Vamos a orar!

Querido Dios:

¡Tu amor por mí es asombroso! Soy tan diferente a ti, pero te hiciste hombre para tener una relación conmigo. Ahora, puedo decir que Jesús es mi hermano. Por favor, ayúdame a pensar en otros creyentes como tú lo haces conmigo. Ayúdame a considerarlos mis hermanos. Por favor, ayúdame a hacerlo sin importar cuán diferentes seamos. Te pido esto porque creo en Jesús.

¡Amén!

Lee Filemón 1.6 en tu Biblia NVI. Este versículo es un buen recordatorio de parte del apóstol Pablo. Copia este versículo en el espacio a continuación. ¿Qué palabra te habla de la relación entre los creyentes? Esa palabra te ayudará cuando pienses en los demás. (Pista: la palabra tiene 12 letras).

··

··

··

··

Semana 52, día 6

¡Manos a la obra!

Onésimo era esclavo de Filemón. Las personas apenas respetaban a los esclavos; creían que ellos debían servir a sus amos. Así pensaba Filemón de Onésimo, pero ahora Filemón era un creyente, al igual que Onésimo. Ahora, la situación era totalmente diferente, ya que Dios considera que los que creen en Jesús son hermanos.

Tal vez, conoces a personas que tienen problemas para integrarse, pero si ellos creen en Jesús, son tus hermanos. Son hijos de Dios, así como tú. Puedes hacer algo al respecto con lo que has aprendido en este libro de la Biblia. Puedes animarlos a encontrar su lugar; diles que son hermanos y ayúdales a ser parte del grupo. Sé un buen hermano para ellos. ¡Así harás con ellos lo que Jesús ha hecho por ti! Piensa cómo lo harás. Luego, escribe tu plan a continuación.

....

....

....

....

....

Semana 53, día 1

¡Vamos a leer!

Dios quiere que mantengas tu atención puesta en Jesús.

Si eres como la mayoría, probablemente te has tropezado de vez en cuando. Tal vez, hablabas o enviabas mensajes de texto en tu teléfono. Quizás, alguien dejó ropa o libros regados en el piso y no los viste, o mirabas a otro lugar mientras caminabas y tropezaste.

El autor de Hebreos les escribe a los creyentes porque no quiere que tropiecen en su fe, y les pide que presten atención por dónde caminan. En otras palabras, quiere que mantengan su atención en Jesús. Había personas que trataban de persuadirlos en poner su atención en las cosas pasadas en las que antes confiaban. Antes de creer en Jesús, ellos confiaban en otras cosas. Esto incluía los ángeles, los sacerdotes, el sistema de sacrificio y otras prácticas judías. El autor de este libro quiere que los creyentes mantengan su enfoque en Jesús. Él sabe que Jesús es mucho mejor que todo lo demás. La confianza en él nos da una relación eterna con Dios, así que no tropieces en otras cosas. ¡Mantén tu atención en Jesús!

¿En ocasiones, qué cosas desvían tu atención de Jesús? ¿Cómo puedes ayudarte a poner más atención en Jesús?

¡Reflexionemos!

Jesús nos ayuda a conectarnos con Dios. A continuación, tienes algunos versículos incompletos. Lee cada uno y busca la palabra que falta. Luego, llena en los cuadros a continuación de cada número con la palabra que encaja en cada espacio en blanco. Cuando termines, las letras sombreadas horizontalmente te dirán lo que significa Jesucristo para aquellos que confían en él.

1. Hebreos 2.8 «¡Todo lo sometiste a su _____!».

2. Hebreos 1.6 «Que lo _____ todos los ángeles de Dios».

3. Hebreos 1.3 «El Hijo es el _____ de la gloria de Dios».

4. Hebreos 1.4 «Así llegó a ser _____ a los ángeles».

5. Hebreos 7.19 «Y, por la otra, se introduce una _____ mejor».

6. Hebreos 4.14 «Ya que en Jesús, tenemos un gran sumo _____».

7. Hebreos 13.20 «Al gran _____ de las ovejas, a nuestro Señor Jesús».

8. Hebreos 5.9 «Mediante la sangre de Jesús, tenemos plena _____».

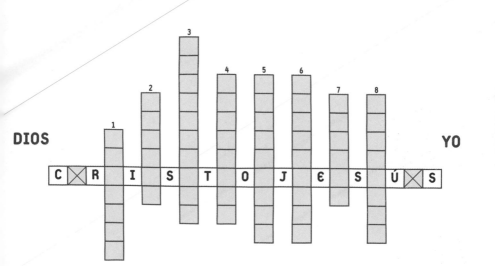

DIOS

YO

C ☒ R I S T O J E S Ú ☒ S

329

Encuentra a Jesús en Hebreos

El autor del Libro de Hebreos usa muchas veces las palabras «mejor» y «superior». Lo hace para recordar a los creyentes que ¡Jesús es superior a todo lo que haya venido antes! Jesús nos da algo *mejor* en que creer (7.19). Jesús nos da un pacto o una relación *superior* entre Dios y nosotros (7.22). Además, este nuevo pacto está basado en *mejores* promesas (8.6). El sacrificio que hizo Jesús por nosotros es *superior* a los antiguos sacrificios (9.23); y el nuevo reino a donde vamos cuando creemos en Jesús es *mejor* que cualquier otro lugar (11.16). En realidad, ¡Jesús es superior a todo! Además, lo que hace por nosotros es mejor que cualquier cosa que podamos encontrar en otro lugar.

Es mejor confiar en Jesús que en cualquier otra cosa o persona. Las personas tratan de persuadirnos que confiemos en muchas cosas en lugar de Jesús, pero cuando mantenemos nuestros ojos en él, nuestra fe no vacilará. Por eso el autor de Hebreos 12.3 escribe: «Consideren a aquel que perseveró a tanta oposición por parte de los pecadores, para que no se cansen ni pierdan el ánimo». Además, sabemos que Dios nos ayudará a hacerlo. Lo único que debemos hacer es pedir.

Lee los cinco versículos enumerados en el párrafo anterior. Estos versículos nos enseñan que lo que tenemos con Jesús es lo *mejor*. Escribe estas *mejores* cosas en las líneas a continuación.

....

....

....

....

....

Semana 53, día 4

¡Vamos a escribir!

Los creyentes apartaron su atención de Jesús. Trataban de encontrar otras maneras de tener una relación con Dios, pero ¡no hay otra forma! ¿Alguna vez te has olvidado de Jesús? ¿Cómo te diste cuenta de que estabas en el camino equivocado? Explica a continuación.

....

....

....

El autor de Hebreos quería que los creyentes mantuvieran su atención en Jesús. Él sugirió todo tipo de cosas para ayudarles. ¿Cómo puedes mantener tu enfoque en Jesús? Escribe tus ideas aquí.

....

....

....

Semana 53, día 5

¡Vamos a orar!

Querido Dios:

Gracias por recordarme todas las cosas buenas que Jesús hace por mí; es tan fácil olvidarlas. Confío en otras cosas y me decepciono, pero ¡Jesús es mucho mejor que todo lo demás! Ayúdame a mantener mi atención en él. ¡Gracias por tu promesa de ayudarme con eso! ¡Ayúdame a animar a los demás a que también confíen en ti! Te pido esto porque creo en Jesús.

¡Amén!

Mantén tu atención en Jesús. Escribe lo que necesitas pedir en oración en los aros del tiro al blanco. Imagina que apuntas al centro cada vez que oras.

Semana 53, día 6

¡Manos a la obra!

Esta actividad te recordará mantener tu atención en Jesús. Haz este juego con unos cuantos amigos. Necesitarás encontrar un poste alto o un árbol. Deberá ser en un espacio abierto donde puedas correr sin lastimarte. Cuenta veinte pasos largos desde el poste, luego, en ese lugar, coloca una pelota en el piso.

Después, regresa al poste. Cada participante deberá correr diez veces alrededor del poste tan rápido como pueda. A continuación, esa persona correrá lo más rápido que pueda para alcanzar la pelota. Alguien tomará el tiempo que le tome hacer esto. La persona que lo logre en menos tiempo gana el juego.

Será difícil mantenerse en el camino. ¡Estarás un poco mareado! ¡Tu cuerpo no hará lo que tu cerebro le ordena! Será difícil que mantengas tus ojos en la pelota. En ocasiones, así es tu vida cristiana. Es duro mantener tu atención en Jesús. Cuando te marees o cuando caigas una o dos veces recordarás el Libro de Hebreos. ¡Recordarás mantener tus ojos en Jesús!

Semana 54, día 1

¡Vamos a leer!

Dios nos da la habilidad de vivir para él cuando creemos en él.

Probablemente te ha pasado esto si comes cereal en las mañanas. Viste la caja de cereal sobre la mesa o en la alacena, pero cuando la levantaste, ¡te diste cuenta de que estaba vacía! La imagen en el exterior de la caja se veía muy bien, pero adentro había solo migajas. Es posible que te hayas decepcionado.

El apóstol Santiago escribió esta carta para asegurarse de que los cristianos no sean como la caja de cereal. Él no quiere que solamente digamos que somos cristianos, ¡quiere que actuemos como cristianos! Él nos enseña que tener fe en Jesús significa vivir como Jesús. No es suficiente tan solo decir lo correcto, los creyentes deben hacer lo correcto. Supongamos que las personas solamente nos escuchan hablar de Jesús. Supongamos que no pueden ver que nuestras vidas son diferentes a las de ellos. Entonces, se preguntarán si en realidad creemos lo que decimos que hacemos. Se preguntarán si creer en Jesús marcó en nosotros una verdadera diferencia. Sin embargo, supongamos que ellos ven que tratamos de vivir en acuerdo con lo que decimos creer. Entonces, sabrán que lo que decimos es importante para nosotros y verán algo verdadero sobre Jesús cuando nos miren.

¿Cómo es tu comportamiento cristiano?

¡Reflexionemos!

En este Libro, Santiago escribe sobre muchas cosas que los creyentes pueden hacer para mostrar su fe. En la columna 1, tenemos todo lo que Santiago dice que los creyentes pueden hacer para mostrar su fe. En la columna 2 , tenemos las acciones opuestas. Une los versículos bíblicos de Santiago con un ejemplo de su acción opuesta.

Columna 1

1.12 «Dichoso el que resiste la tentación porque [...] recibirá la corona de la vida».

2.1 «La fe que tienen en [...] Jesucristo no debe dar lugar a favoritismos».

3.10 «De una misma boca salen bendición y maldición [...], esto no debe ser así».

3.13 «... demuestre [ser sabio] con su buena conducta».

4.11 «Hermanos, no hablen mal unos de otros».

Columna 2

A. ¿Escuchaste a esa persona cantar tan desafinado? ¡Qué horrible!

B. ¿Sabías que hoy ayudé al señor Johnson?

C. Esto no resultó como lo esperaba. No es divertido y ya no lo quiero hacer.

D. Me aseguraré de sentarme con todos mis amigos en clases.

E. Creo que no es una buena persona. No quiero nada con él.

Encuentra a Jesús en Santiago

Cuando Juan el Bautista estuvo en prisión, envió a sus discípulos a Jesús. Quería saber si Jesús era el Dios enviado para dar nueva vida. Así que, los discípulos de Juan se lo preguntaron a Jesús y su respuesta fue bastante interesante. Jesús les respondió lo siguiente en Mateo 11.4: «Vayan y cuéntenle a Juan lo que están viendo y oyendo». ¿Entendiste? Jesús les informa a los discípulos de Juan que las buenas nuevas no solo se pueden oír, sino que también se las puede ver. De esto habla el apóstol Santiago; ¡anima a los creyentes a ser más como Jesús! Quiere que también mostremos nuestra fe. Esto escribe en Santiago 2.18: «… "Tú tienes fe, y yo tengo obras". Pues bien, muéstrame tu fe sin las obras, y yo te mostraré la fe por mis obras».

Arti ha olvidado sus anteojos. En ellos, escribe cómo puedes mostrar tu fe como lo hizo Jesús.

¡Vamos a escribir!

Regresa al día 2. ¿Cuál de esas actitudes te describe mejor? ¿La columna 1 o la columna 2? ¿Cómo te sientes al saber que muestras a las personas lo que crees? ¿Crees que les muestras la verdad? Escribe tus ideas aquí.

....

....

....

Supongamos que alguien te ha seguido todo el día. ¿Qué habrá visto que demuestre que eres un seguidor de Jesús? ¿Cómo podrías ayudarlo a verlo más claramente? Explica a continuación.

....

....

....

SANTIAGO

SANTIAGO

¡Vamos a orar!

Querido Dios:

No he pensado mucho en mi forma de vivir. Ahora sé que mis acciones demuestran lo que creo a los demás. Jesús nos enseñó la verdad a la perfección. Quiero ser más como él. Por favor, ayúdame a pensar en eso durante el día. Por favor, ayúdame a querer hacer lo correcto, y ayúdame a demostrar mejor la verdad con mi vida. Te pido esto porque creo en Jesús.

¡Amén!

Muestra a Verdi cómo enseñarás a los demás lo que crees. Escribe tus planes específicos a continuación. Por ejemplo, quizás puedes ser voluntario en una casa de retiro para adultos mayores, tal vez puedes escribir una nota especial a alguien para alegrarle el día o simplemente puedes ayudar a tus padres en la casa.

¡Manos a la obra!

Algo puede parecer una cosa por fuera, pero ser otra por dentro. Este proyecto te lo recordará.

Necesitarás que un adulto te ayude. Consigue un huevo crudo, un tazón, y un pequeño clavo. Sostén el huevo sobre el tazón. Perfora un extremo del huevo con el clavo; haz un hoyo pequeño. ¡Ten cuidado de no romper el huevo! Dale la vuelta y perfora el otro extremo. Asegúrate de sostener el huevo sobre el tazón. Al final, tu huevo tendrá una perforación en cada extremo. Sopla dentro de un extremo. ¡El interior del huevo saldrá por el otro lado! Tendrás que soplar muy fuerte para que salga.

Cuando termines, ¡tendrás una cáscara de huevo completamente vacía! Lleva tu cáscara de huevo vacía al fregadero y lávala. Luego, con cuidado seca el exterior de la cáscara. Escribe sobre ella con un marcador: «... **la fe sin obras es estéril?**» **(Santiago 2.20)**. Después, pon el huevo en tu escritorio o tocador. Cada vez que lo veas recordarás el mensaje de Santiago. Una cáscara de huevo sin huevo es inservible, y ¡la fe sin obras no sirve si quieres mostrar a los demás la verdad sobre Jesús!

¡HOLA! ¡ENCANTADO DE CONOCERTE!

¡Vamos a leer!

Dios nos da gracia para que confiemos en él en los tiempos difíciles.

¿Alguna vez te han culpado por algo que no hiciste? ¡Probablemente pensaste que fue injusto! ¡Y así fue! Si piensas en eso, a Jesús le pasó lo mismo. Él nunca hizo nada incorrecto en toda su vida; aun así, las personas lo mataron. ¡Eso fue tan injusto! Puede ser difícil que los creyentes mantengan su confianza en Dios cuando les pasan cosas así y quizás se preguntarán si Dios aún tiene el control.

Por eso el apóstol Pedro escribió esta carta a la iglesia. Los creyentes tenían buenas vidas, pero los culpaban de hacer cosas incorrectas. Los hacían sufrir. ¡No era justo! Sin embargo, Pedro los anima a seguir haciendo lo correcto. Dios aún tiene el control. Esto escribe en 1 Pedro 2.12: «Mantengan entre los incrédulos una conducta tan ejemplar que, aunque los acusen de hacer el mal, ellos observen las buenas obras de ustedes y glorifiquen a Dios en el día de la salvación». Puede ser duro, pero ¡Dios te dará la gracia para hacerlo!

¿Alguna vez has tenido problemas por hacer lo correcto? Lee Pedro 4.19 en tu Biblia NVI. ¿Qué enseña el apóstol Pedro que debes hacer cuando esto pase?

Semana 55, día 2

¡Reflexionemos!

El apóstol Pedro anima a los creyentes que sufren por su fe. En esta exploración leerás un versículo que habla de cómo Dios te ayuda en tiempos difíciles. Encuentra las letras al contar desde el principio del versículo. Estas letras formarán el regalo especial de Dios para que mantengas fuerte tu fe. Cuenta cuidadosamente.

1 Pedro 5.10

Letra #68: _____

Letra #29: _____

Letra #22: _____

Letra #102: _____

Letra #30: _____

Letra #146: _____

_____

Encuentra a Jesús en 1 Pedro

El apóstol Pedro quería animar a los creyentes que sufrían. Las personas les hacían pasar malos ratos porque creían en Jesús. Pedro instó a los creyentes a no sorprenderse por lo que pasaba. Después de todo, Jesús también sufrió. Esto escribe el apóstol en 1 Pedro 4.1: «Por tanto, ya que Cristo sufrió en el cuerpo, asuman también ustedes la misma actitud; porque el que ha sufrido en el cuerpo ha roto con el pecado». ¿Qué significa asumir la actitud de Jesús? En 1 Pedro 4.19, expone: «Así pues, los que sufren según la voluntad de Dios, entréguense a su fiel creador y sigan practicando el bien».

Sufrir por creer en Jesús debe ser difícil, pero Dios nos da la gracia para mantener nuestra confianza en él. Dios nos ayuda a sobrellevar nuestro sufrimiento de la misma forma en que Jesús lo hizo. En los versículos a continuación completa las palabras que describen cómo podemos ser como Jesús durante los tiempos difíciles.

«Al contrario, **a**_ _ _ _ _ _ _ _ de tener parte en los sufrimientos de Cristo». **(1 Pedro 4.13)**

«Que se **a**_ _ _ _ _ _ del mal y **h**_ _ _ el bien». **(1 Pedro 3.11)**

«Pero ¿cómo pueden ustedes atribuirse mérito alguno si **s**_ _ _ _ _ _ _ _ que los maltraten por hacer el mal?». **(1 Pedro 2.20)**

«En fin, vivan en **a**_ _ _ _ _ _ _ los unos con los otros; **c**_ _ _ _ _ _ _ _ _ _ penas y alegrías, practiquen el **a**_ _ _ _ fraternal, sean **c**_ _ _ _ _ _ _ _ _ _ y humildes». **(1 Pedro 3.8)**

«No se **e**_ _ _ _ _ _ _ _ del fuego de la prueba que están soportando, como si fuera algo insólito». **(1 Pedro 4.12)**

¡Vamos a escribir!

Esto expone el autor en 1 Pedro 4.14: «Dichosos ustedes si los insultan por causa del nombre de Cristo, porque el glorioso Espíritu de Dios reposa sobre ustedes». ¿Alguna vez alguien se burló de ti por ser cristiano? Explica cómo te sentiste.

....

....

....

Un poco antes de escribir estas cosas, en tres ocasiones Pedro negó conocer a Jesús. Puedes leer sobre esto en Mateo 26.69-75. ¿Alguna vez has preferido no decir que eres cristiano? ¿Por qué lo hiciste? Escribe aquí lo que piensas.

....

....

....

Semana 55, día 5

¡Vamos a orar!

Querido Dios:

Gracias por la verdad que me has dado. Por favor, ayúdame a aprenderla bien y dame la fuerza cuando sufra por la verdad. Sé que eso es lo que Jesús hizo por mí. Quiero seguir haciendo y diciendo lo correcto. Ayúdame a permanecer fiel hasta que Jesús regrese. Te pido esto porque creo en Jesús.

¡Amén!

La oración mantiene el corazón y la mente enfocados en Dios. Es importante hacerlo cuando sufrimos por nuestra fe. Usa la tabla a continuación para registrar las veces que has orado esta semana. Debería ser por lo menos una vez al día.

Día	Hora	Mis peticiones

¡Manos a la obra!

El apóstol Pedro escribió esta carta para recordar a los creyentes que deben permanecer en la verdad. ¿Cuánto tiempo puedes permanecer en ella? Aquí tienes una actividad que puedes hacer con tus amigos para que recuerdes lo que Pedro ha escrito.

Encuentra una barra de la que puedas colgarte. Asegúrate de que no esté muy alejada del piso. ¡No querrás resultar herido si te caes! Si no encuentras una barra, también te puede servir una rama de árbol que esté cerca del piso. Recuerda, no querrás colgar muy alto.

Entonces, aquí viene lo difícil. Observa cuánto tiempo cada jugador puede permanecer colgado de la barra. Registra el tiempo. Asegúrate de que los pies no toquen el piso. Al comienzo será fácil, pero ¡se pondrá cada vez más difícil! Tus músculos comenzarán a doler. Tus dedos se resbalarán y ¡será difícil permanecer colgado!

Eso es lo que Pedro les escribe a los creyentes. Él quiere que permanezcamos en la verdad. La buena noticia es que no tenemos que depender únicamente de nuestra propia fuerza. Dios nos da su propia fuerza para permanecer en la verdad, y ¡él tiene una fuerza ilimitada! Así que, cuando sientas que resbalas de la verdad, pide a Dios que te ayude. Él te dará la fuerza que necesitas.

Semana 56, día 1

¡Vamos a leer!

Dios nos ayuda a permanecer en la verdad mientras esperamos su regreso.

¿Alguna vez te han dicho algo demasiado bueno para ser cierto? Tal vez, se trataba de un viaje emocionante que ibas a hacer. Quizás era un regalo que ibas a recibir. ¡Qué buenas noticias! ¡No podías esperar más! Sin embargo, empezaste a pensar, ¿qué pasaría si algo malo impidiera que eso suceda? Tal vez, si el carro de tus padres se daña, no podrán hacer el viaje; o es probable que tu regalo se agote en la tienda. Es posible que esa buena noticia sea demasiado buena para ser cierta.

Por esa razón, el apóstol Pedro escribió esta carta a la iglesia. ¡Ellos atravesaban un momento terriblemente difícil! Eran maltratados y pensaban que todas las promesas buenas que se les hizo no se cumplirían después de todo. Pedro escribió estas cartas para animar a la iglesia. Les explica que nada puede impedir que las promesas de Dios se cumplan. En 1 Pedro 1.4 el apóstol describe nuestra salvación como «… herencia indestructible, incontaminada e inmarchitable». Además, Jesús demostró que es cierto al resucitar de la muerte. ¡Nunca debemos permitir que nada ni nadie nos haga dudar de esa verdad!

¿Alguna vez has dudado que las buenas nuevas en la Biblia son verdaderas? ¿Qué te ayudaría a quitarte esas dudas?

¡Reflexionemos!

El apóstol Pedro anima a los creyentes a permanecer en la verdad sin importar la situación. En esta sopa de letras tendrás que encontrar todo lo malo que se puede interponer en tu camino para evitar que vivas en LA VERDAD. Ten en cuenta estas palabras para no dejarte vencer por estas cosas, sino que puedas permanecer en el camino correcto.

PEDRO

A	Z	E	T	S	I	R	T	A
X	O	Z	D	A	D	L	A	M
O	D	N	U	M	N	I	O	E
D	I	E	W	F	E	O	S	L
A	D	C	M	A	L	O	A	B
C	R	E	Y	L	X	Q	C	O
E	E	D	O	L	O	R	A	R
P	P	A	D	A	Ñ	O	R	P
D	A	D	E	S	L	A	F	Ñ

MALDAD	PECADO	INMUNDO	TRISTEZA
PERDIDO	PROBLEMA	NECEDAD	FALSEDAD
FRACASO	FALLAS	MALO	FEO
DOLOR	DAÑO		

347

Semana 56, día 3

Encuentra a Jesús en 2 Pedro

El apóstol Pedro sabía que era importante que los creyentes permanecieran en la verdad. En 2 Pedro 1.12-15, el apóstol recuerda a los creyentes las cosas importantes que Dios mencionó en el pasado. ¡Quiere asegurarse de que las recuerden!

¿Alguna vez has escuchado la frase «mantén tus ojos en la recompensa»? Esto significa que cuando hagas algo, no debes olvidar lo que realmente importa. ¡La recompensa! Dios nos enseñó cosas inmensamente importantes en la Biblia. ¿Cuál es la recompensa para los creyentes? Pedro menciona esto en 2 Pedro 1.11: «Y se les abrirán de par en par las puertas del reino eterno de nuestro Señor y Salvador Jesucristo».

En el espacio a continuación, dibuja tu idea de cómo es el reino que durará para siempre. ¡Esto te recordará que eres bienvenido al nuevo reino cuando Jesús regrese! Saber esto te ayudará a seguir confiando en Dios hasta su venida.

¡Vamos a escribir!

El apóstol Pedro describe hermosas verdades sobre Dios. Menciona que cuando creemos en Jesús, somos salvos. Eso es un regalo que no se puede perder. ¿Cómo te sientes al saber que tienes este regalo? Escribe a continuación.

....

....

....

....

¿Puedes confiar que la Palabra de Dios es verdadera? Lee 2 Pedro 1.19-21. Toma nota de lo que has descubierto en estos versículos. Luego, explica cómo te sientes al respecto.

....

....

....

....

PEDRO

¡Vamos a orar!

Querido Dios:

Por favor, ayúdame a permanecer en la verdad hasta que Jesús regrese. En ocasiones, las personas tratan de hacer que lo olvide, y podría suceder si no lo leo con frecuencia. Necesito que tu gracia y tu poder me ayuden. Te pido esto porque creo en Jesús.

¡Amén!

¡Dios quiere que permanezcas en la verdad! Y te ayudará a hacerlo. Busca cada versículo a continuación y escribe lo que Dios te da y lo que hace por ti.

2 Pedro 1.3 Su _____

2 Pedro 1.4 Sus _____

2 Pedro 1.10 Su _____

2 Pedro 2.9 Te librará de la _____

2 Pedro 3.18 Te hará crecer en _____ y en

_____ de él.

¡Manos a la obra!

El apóstol Pedro escribió esta carta para animar a los creyentes que atravesaban tiempos difíciles. Les recordó que Dios les daría la gracia para ayudarles a sobrellevarlos. Una de las formas en que Dios da gracia a sus hijos es a través de otros creyentes. En realidad, ¡eso es justamente lo que Pedro hizo en su carta! Él animó a los creyentes que sufrían mediante sus cartas. Esto nos escribe en 1 Pedro 5.12: «... les he escrito brevemente, para animarlos...». Tú también puedes animar a otros creyentes.

Probablemente conoces a un creyente que atraviesa un mal momento; puede ser un amigo o un familiar o una persona de la iglesia. Escribe una carta para animarlos. ¡Piensa cuánto significará esa carta para ellos! Cuéntales que piensas y oras por ellos. Como lo hizo Pedro, recuérdales que Dios los ama. Tal vez quieras escribir 1 Pedro 5.10 para ellos. Cuando animas a alguien de esta manera, Dios te usa para ayudarles en los tiempos difíciles. Él te usa para llevarles su gracia.

Semana 57, día 1

¡Vamos a leer!

Dios nos hace como Jesús cuando creemos en él.

¿Alguna vez has dibujado a alguien? ¿Has intentado dibujarte a ti mismo? ¡Puede ser difícil! En ocasiones, algo nos sale mal. Tal vez, las orejas están muy grandes o los ojos tienen la forma incorrecta. Puede que sea difícil reconocer a la persona de tu retrato.

Eso es lo que el apóstol Juan pensaba cuando escribió sus cartas. Quería informar a los creyentes que también hacían un retrato, pero sin usar lápiz y papel. Tampoco dibujaban el retrato de cualquier persona, ¡sino de Jesús! Además, ¡usaban sus vidas para hacerlo! Sin embargo, algunas personas en la iglesia dibujaban un retrato que nadie podía reconocer. No se parecía en nada a Jesús. Juan describió a los creyentes cómo deben dibujar correctamente a Jesús porque quería asegurarse de que las personas vieran a Jesús al mirar a los creyentes.

Eso es lo que debemos esperar, ¿cierto? Después de todo, cuando creemos en Jesús, nos hacemos hijos de Dios. Jesús es el Hijo de Dios, así que ¡Jesús es el hermano de todos los creyentes! Las personas que pertenecen a la misma familia con frecuencia se comportan de la misma forma. Los creyentes pertenecen a la familia de Jesús, así que ¡su comportamiento debe ser como el suyo!

¿Cuáles son algunas cosas que tu familia y tú hacen de la misma manera? ¿Cómo se parecen las cosas que haces a lo que hizo Jesús?

Semana 57, día 2

¡Reflexionemos!

El Libro de 1 Juan nos enseña a ser como Jesús. Busca los versículos para cada pista. Cada uno tiene una palabra que describe a Jesús o a sus seguidores. Algunos versículos pueden tener más de una palabra que encaje. Presta atención al número correcto de letras.

Horizontal
1. 1 Juan 2.1
2. 1 Juan 1.9
3. 1 Juan 1.2
4. 1 Juan 4.16

Vertical
5. 1 Juan 2.11
6. 1 Juan 4.14
7. 1 Juan 1.9

Semana 57, día 3

Encuentra a Jesús en 1 Juan

El apóstol Juan nos recuerda a los creyentes que necesitamos ser como Jesús. Esto es lo que escribe en 1 Juan 2.6: «El que afirma que permanece en él debe vivir como él vivió». Entender cómo vivió Jesús nos enseñará cómo debemos vivir.

Una forma de parecernos a Jesús es amarnos los unos a los otros. En 1 Juan 4.16, Juan nos enseña que Dios es amor. Además, Dios nos lo demostró al enviar a Jesús a pagar por nuestros pecados. Así, Jesús nos muestra el amor de Dios. Cuando nos parecemos a Jesús, también empezamos a amarnos los unos a los otros.

Otra forma de ser como él es vivir de acuerdo con la verdad. En Juan 14.6, Jesús expresa: «Yo soy el camino, la verdad y la vida». Si queremos ser como Jesús, también aprenderemos a vivir en la verdad. En 1 Juan 2.5, el apóstol menciona que vivir en la verdad significa obedecer la Palabra de Dios. En 1 Juan 2.29, nos enseña que vivir en la verdad significa hacer lo correcto.

Dibuja algunas maneras en que puedes cumplir las dos tareas importantes a continuación:

Mostrar el amor de Dios	Vivir en la verdad

¡Vamos a escribir!

El apóstol Juan escribe mucho sobre el amor de Jesús por nosotros. Incluso, cuando todos hemos pecado, Jesús nos ama. Ahora podemos tener una nueva vida porque Jesús aceptó morir por nosotros. ¿Cómo te sientes al respecto? Explica a continuación.

....

....

....

Piensa en el amor que otros creyentes te han mostrado. ¿Cómo podrías demostrarles el amor de Jesús a ellos? ¿Cómo el conocer la verdad en la Biblia te ayuda a hacerlo? Escribe tus ideas aquí.

....

....

....

I JUAN

Semana 57, día 5

¡Vamos a orar!

Querido Dios:

Gracias por darme la verdad en la Biblia. Gracias también, por mostrarme tu verdad con la vida y la muerte de Jesús para mí. Por favor, ayúdame a crecer en mi entendimiento de la verdad. Ayúdame a vivir esa verdad como lo hizo Jesús. Quiero ser más como él en lo que hago y digo. Por favor, ayúdame a amar a los demás como Jesús me ama.

¡Amén!

Esta imagen de la cruz te ayudará a recordar la verdad. Escribe verdades sobre Jesús dentro de esa cruz. Puedes usar algunas de las palabras que usaste el día 2.

¡Manos a la obra!

El apóstol Juan escribió cartas para animar a los creyentes a ser como Jesús. A todos nos gusta que nos animen. En ocasiones, es difícil hacer lo correcto cuando creemos que nadie nos ve, pero el apóstol Juan ya lo sabía. Puedes escribir una carta para animar a alguien, así como lo hizo Juan. No tiene que ser larga. Usa la carta a continuación para que puedas empezar. Luego, escribe una nota a alguien en tu vida.

Querido (nombre de tu amigo):

He leído el Libro de 1 Juan. Él nos enseña que cuando creemos en Jesús, debemos ser como él. Solamente quería decirte que yo veo a Jesús en ti. Tú vives de acuerdo con la verdad y demuestras amor real y cuidado por los demás. Gracias por inspirarme. Espero ser de ayuda para ti también.

Con amor en Cristo,

(Tu nombre)

¡Vamos a leer!

Dios quiere que estemos del lado de la verdad y en contra de lo falso.

Esta es la segunda carta del apóstol Juan a la iglesia. En esta pequeña carta, nos advierte de las personas que tratan de engañar a los creyentes. Juan quiere asegurarse de que los creyentes no sean engañados. En realidad, los que engañan no son hijos de Dios; dicen mentiras sobre Jesús y no siguen sus instrucciones. Juan explica que esa es la forma más fácil de reconocer sus falsas enseñanzas, porque las personas que realmente instruyen sobre la verdad siguen lo que Jesús enseñó, es decir, que nos amemos los unos a los otros como lo hace Jesús.

En 2 Juan 6, ¿qué significa para Juan obedecer los mandamientos de Dios? ¿Cómo puedes hacerlo?

358

¡Reflexionemos!

¿Sabías que 2 Juan es el segundo libro más corto de la Biblia? Así que, ¡no será difícil para ti hacer esta divertida búsqueda! Abajo, tienes ideas de algunos versículos importantes. Encuentra los versículos de cada idea y escribe su número junto a cada uno.

_____ Ten cuidado de los que intenten convencerte de creer en algo erróneo.

_____ La gracia, la misericordia y la paz son para quienes aman la verdad.

_____ Amar a los demás es una demostración de que amas a Dios.

_____ Los que no permanecen en la enseñanza de Cristo no tienen a Dios.

Semana 58, día 3

Encuentra a Jesús en 2 Juan

Juan elogió a las personas de la iglesia que caminaban en la verdad. Si los creyentes conocen la verdad, no serán fácilmente engañados por falsos maestros. Sin embargo, algunas personas dicen mentiras sobre la verdad de Dios, por eso Juan quiere advertir a los creyentes sobre estas personas y quiere animarlos a vivir de acuerdo con la verdad.

Jesús es la verdad. Esto nos enseña en Juan 14.6: «Yo soy el camino, la verdad y la vida». Cada vez que necesitemos recordar lo correcto, debemos mirar a Jesús. Él es el único que vivió de acuerdo con la verdad todo el tiempo. Las personas podrían tratar de convencernos de que estamos equivocados, pero sabemos que algo está mal si Jesús no lo hizo. Cuando vivimos como Jesús, vivimos de acuerdo con la verdad; y, una de las formas más importantes de vivir como Jesús es amarnos los unos a los otros.

¿Cuántas veces puedes ver la palabra «verdad» en 2 Juan? ¿Cuántas veces la palabra «amor»?

¡Vamos a escribir!

En 2 Juan 1.4, el apóstol menciona que algo le da mucha alegría. Él escribe: «Me alegré muchísimo al encontrarme con algunos de ustedes que están practicando la verdad». ¿Crees que el apóstol Juan se alegraría al ver cómo vives? Escribe tu respuesta aquí.

....

....

....

....

¿Alguna vez te han engañado para que creas algo que no era verdad? ¿Cómo te protegió el hecho de conocer la verdad? Escribe tu experiencia a continuación.

....

....

....

....

Semana 58, día 5

¡Vamos a orar!

Querido Dios:

Ayúdame a recordar la verdad de tu Palabra cuando las personas traten de convencerme de lo contrario; además, ayúdame a aprender y a vivir de acuerdo con la verdad. Por favor, ayúdame a vivir más como Jesús. Así podré amar a los demás de la misma manera en que Jesús me ama. Te pido esto porque creo en Jesús.

¡Amén!

Haz un dibujo con los versículos en la parte inferior y cuélgalos en tu habitación. Esto te ayudará a vivir como Jesús lo hizo. Colorea los versículos a continuación. Recuerda siempre seguir las huellas de Jesús.

PERO, SI VIVIMOS EN LA LUZ, ASÍ COMO ÉL ESTÁ EN LA LUZ, TENEMOS COMUNIÓN UNOS CON OTROS.
—1 Juan 1.7

El que PERMANECE en la enseñanza SÍ tiene al PADRE y al HIJO.
—2 Juan 1.9

¡Manos a la obra!

Crea al menos diez dibujos como lo hiciste en el día 5. Luego, añade estas palabras en cada una:

Sigue la enseñanza de Cristo.

Coloca estos nuevos dibujos en lugares donde los puedas encontrar por sorpresa. Podrías colocarlos en el cajón de tus calcetines, o quizás, junto a tu juego favorito. Esa es la idea. ¡Encontrarás estos recordatorios en el momento menos pensado!

3 JUAN

Semana 59, día 1

¡Vamos a leer!

Dios quiere que trabajemos con otros creyentes para compartir el evangelio.

El libro más pequeño de la Biblia es 3 Juan, pero eso no quiere decir que no es importante. En su carta final a la iglesia, el apóstol Juan nuevamente anima a los creyentes a que ayuden a los que comparten las buenas nuevas de Jesucristo. Algunos no querían hacerlo. Juan escribe que negarse a ayudar a otros creyentes está mal. ¡Debemos darles toda la ayuda que podamos! Esto explica el apóstol en 3 Juan 1.8: «Nosotros, por lo tanto, debemos brindarles hospitalidad, y así colaborar con ello en la verdad».

¿Cómo puedes ayudar a los que comparten las buenas nuevas de Jesucristo?

¡Reflexionemos!

3 JUAN

Juan quiere que trabajemos con otros creyentes. De esa manera, ¡más personas escucharán las buenas nuevas de Jesús! Por lo tanto, debemos tratar a otros creyentes como amigos o hermanos. Lee el Libro de 3 Juan en tu Biblia NVI. ¡Es cortísimo! Observa cuántas veces puedes encontrar las palabras a continuación.

_____ **Amigo(s)**

_____ **Hijo(s)**

_____ **Hermano(s)**

_____ **Verdad**

_____ **Iglesia**

Semana 59, día 3

Encuentra a Jesús en 3 Juan

En este libro, el apóstol Juan escribe sobre algunas cosas malas que ocurrían. Algunas personas en la iglesia hablaban mal de otros creyentes y algunos ni siquiera recibieron a las personas que Juan envió, pero el apóstol menciona que esa no es la forma de comportarse de un creyente. Juan quería que los creyentes trabajen juntos en la difusión del evangelio.

Jesús oró por lo mismo. En Juan 17.21, pidió por todos los que creyeran en él. Jesús oró: «Para que todos sean uno. Padre, así como tú estás en mí y yo en ti».

Abajo tienes una imagen de un nudo. Este te recordará que Jesús quiere que los creyentes sean atados entre ellos y a él. Escribe algunas ideas sobre cómo los creyentes pueden trabajar juntos para compartir el evangelio.

¡Vamos a escribir!

El apóstol Juan quiere que ayudemos a los creyentes que comparten el mensaje del evangelio. ¿Cómo puedes hacer esto? Escribe tus ideas aquí.

....

....

....

....

Juan escribe sobre algunos creyentes que se negaron a trabajar junto a otros seguidores de Cristo. Esas personas hablaban mal de ellos. ¿Alguna vez has dicho algo malo de otro creyente? ¿Alguna vez otros creyentes dijeron cosas malas de ti? Cuenta tus experiencias a continuación.

....

....

....

....

¡Vamos a orar!

Querido Dios:

Por favor, ayúdame a trabajar junto a otros creyentes para compartir el evangelio. Ayúdame a honrarte cuando les honro a ellos. Además, por favor, perdóname por las veces que he hablado mal de otros creyentes. Te pido esto porque creo en Jesús.

¡Amén!

Aquí tienes una manera en que puedes trabajar junto a otros creyentes para compartir el evangelio. Consigue una lista de misioneros de tu iglesia. Revisa la lista y ora por cada uno. ¡Así los ayudarás con su tarea y también aprenderás mucho!

Semana 59, día 6

¡Manos a la obra!

El día 5 oraste por los misioneros que tu iglesia apoya. Ahora, diles a esos misioneros que te mantienes en oración por ellos. Escoge una o dos de las personas de esa lista. Escríbeles una carta y cuéntales que oras por ellos. ¡Se animarán mucho! Además, aprenderás sobre la iglesia en otras partes del mundo. ¡También los alegrarás!

....

....

....

....

....

....

....

....

¡Vamos a leer!

Dios advierte a su pueblo sobre aquellos que intentan desviarlos.

¿Alguna vez has tenido gripe? ¡No es divertido! Te sientes horrible y débil. ¡Esto se debe a un pequeño virus que no puedes ver!

Judas advertía a los creyentes sobre otra clase de virus, uno que enferma mucho a la iglesia, pero no es un virus físico, sino uno espiritual que hace que nuestra fe se debilite. Se produce por ciertas personas que dicen cosas que no son ciertas. En realidad, en Judas 18, está escrito que estas personas se burlan de la verdad y comentan que, ahora que son creyentes, está bien pecar. Su mensaje puede parecer bueno, pero ¡es terriblemente nocivo para nuestra salud espiritual! Se supone que debemos ser más como Jesús.

Judas quería que los creyentes hicieran dos cosas para protegerse de este virus espiritual. En Judas 1.3, escribe que debemos luchar «vigorosamente por la fe encomendada». Podemos hacerlo cuando conocemos la verdad; y en Judas 1 y 24, recomienda que pidamos a Dios que nos mantenga a salvo. Cuando nos lavamos las manos alejamos los virus *físicos* que enferman nuestros *cuerpos*. Por otro lado, ¡Judas enseña a los creyentes lo que pueden hacer para evitar que los virus *espirituales* enfermen su *fe*!

¿Alguna vez has sentido que tu fe estaba «enferma» o débil? ¿Cómo la puedes arreglar, conforme a lo que leíste en Judas?

¡Reflexionemos!

Lee el Libro de Judas. ¡Puedes hacerlo! Es cortísimo. Luego, responde el cuestionario a continuación.

JUDAS

1. ¿Por qué causa nos anima Judas a luchar?

   _____

   Pista: versículo 3

2. ¿Qué tipo de personas se han infiltrado entre nosotros?

   _____

   Pista: versículo 4

3. ¿Qué harán esas personas?

   _____

   Pista: versículo 18

4. ¿De qué te guardará Dios?

   _____

   Pista: versículo 24

5. Ahora, ¡la mejor noticia de todas! ¡Escribe a dónde te llevará Dios! ¡Esta vez no tendrás una pista!

   _____

Semana 60, día 3

Encuentra a Jesús en Judas

Judas advierte a los creyentes sobre los que quieren impedir que crean en Jesús. Judas expone que esas personas son peligrosas. En el versículo 12 explica que «buscan solo su propio provecho». ¡No se preocupan por los demás!

Jesús es completamente diferente. En Juan 10.11, se llama así mismo el buen pastor. Así como un buen pastor se preocupa por sus ovejas, Jesús protege a los creyentes. Además, esto explica Jesús sobre sus ovejas en Juan 10.27-28: «Mis ovejas oyen mi voz; yo las conozco y ellas me siguen. Yo les doy vida eterna, y nunca perecerán, ni nadie podrá arrebatármelas de la mano». ¡La mano de Dios es poderosa! ¿Cuán seguro te sientes al saber que su mano poderosa sostiene la tuya? Cuando sostienes su mano, ¡nadie podrá engañarte!

Hay dos rebaños de ovejas; uno de ellos sigue a Jesús. Escribe dentro de cada oveja algo que los seguidores de Jesús harían. Judas menciona esas cosas en los versículos 20-25. El otro rebaño se ha extraviado; no siguen a Jesús e intentan que las buenas ovejas sean como ellas. Escribe dentro de cada oveja las cosas que hacen los que no siguen a Jesús. Judas las enumera en los versículos 16-19.

¡Vamos a escribir!

Tu cuerpo siempre está en peligro de contraer un virus, y tomas precauciones para protegerte. Así mismo, tu fe siempre está en peligro de los virus espirituales. ¿Qué debes hacer para protegerte de ellos? Escribe tus ideas aquí.

....

....

....

Judas también nos recuerda que tenemos un buen pastor que nos cuida. En Judas 1 está escrito: «… a los que son amados por Dios el Padre, guardados por Jesucristo y llamados a la salvación». ¿Cómo te sientes cuando piensas que Dios mismo te cuida? Explica a continuación.

....

....

....

JUDAS

¡Vamos a orar!

Querido Dios:

Gracias por darme la protección contra esos virus espirituales. Me has dado la Biblia para que entienda lo verdadero y lo falso. Por favor, ayúdame a conocer mejor la Biblia; y, tú mismo cuida mi seguridad. Ayúdame a ponerme en oración cuando me sienta en peligro. Así, ningún virus espiritual me dañará. Te pido esto porque creo en Jesús.

¡Amén!

Dios nos dio la Biblia para que conozcamos la verdad. Esta nos protege contra los virus espirituales que nos pueden enfermar. ¡Las verdades de la Biblia son como vitaminas espirituales que nos mantienen saludables! Busca las palabras que faltan para completar las verdades bíblicas importantes que se enumeran a continuación.

1. Jesús me amó tanto que _____ por mis pecados.

2. Jesús resucitó de la muerte y ahora gobierna desde el

   _____ .

3. Cuando creo en Jesús y le pido que perdone mis pecados, me

   convierto en su _____ para siempre.

4. Leer la _____ me ayuda a recordar lo que

   realmente importa en mi vida.

374

5. Jesús vendrá _____ .

¡Manos a la obra!

Judas quiere que podamos reconocer las amenazas a nuestra fe. Estos peligros son virus espirituales que se oponen a lo que Dios nos pide en la Biblia. Conocer lo que su Palabra nos dice nos ayudará a reconocer esas amenazas. ¡Asegúrate de conocer lo que dice la Biblia!

Aquí tienes un juego que te enseñará algo importante. Es difícil reconocer una mentira cuando no conoces la verdad. Necesitarás al menos tres jugadores para este juego. Cada jugador se turnará para narrar una historia. ¡El objetivo es engañar a los jugadores! El que narra la historia puede escoger entre contar una verdadera o una falsa. Si la historia es falsa, deberá sonar como si fuera verdadera y viceversa. Los oyentes tendrán que decidir si es verdad o mentira. Cada vez que un jugador no acierte, el narrador obtendrá un punto. Cada jugador deberá narrar la historia por lo menos una vez. Gana el jugador con más puntos al final.

375

Semana 61, día 1

¡Vamos a leer!

Dios tendrá la victoria final sobre Satanás y sus fuerzas malignas.

¿Te gusta mirar el béisbol o el fútbol? Tal vez, prefieres el fútbol. Cualquiera que sea el deporte que prefieras, sabes que las cosas pueden cambiar a última hora. Un equipo puede llevar la delantera la mayor parte del partido, pero, para sorpresa de todos, ¡el otro equipo anota unos segundos antes del final y gana! ¡Qué emocionante! ¡Y qué bien por ti si animabas o eras parte del equipo ganador!

¡El apóstol Juan escribió este libro para permitir que los creyentes sepan que su equipo ya ha ganado! Sin embargo, no parecía así cuando les escribió. En ese entonces, los creyentes eran terriblemente maltratados por los romanos. Parecía que los enemigos de Dios ganaban, pero Juan quería que los creyentes supieran que nada puede detener que Dios cumpla lo que prometió. Dios quitará el pecado de toda la tierra. En realidad, ¡Dios hará un cielo y una tierra nuevos! Cuando Dios lo haga, todo lo malo que el pecado ha causado no existirá más. Esto escribe Juan en Apocalipsis 21.4 sobre ese tiempo: «Ya no habrá muerte, ni llanto, ni lamento ni dolor».

¿Cómo te sientes al leer Apocalipsis 21.4? ¿Puedes imaginar un mundo sin esas cosas?

¡Reflexionemos!

¡El apóstol Juan quería que los creyentes sepan que el equipo de Jesús ya ganó! Sin embargo, en ocasiones la vida puede ser dura. Puede parecerse al laberinto a continuación. Tal vez no entendamos lo que sucede. Quizás, te parezca que la maldad gana. ¿Ganará el equipo de Jesús a último momento? ¡Claro que sí! ¡Podemos confiar en que Jesús ya ha ganado la batalla final! Sigue el laberinto hasta llegar a la corona de la victoria al final.

APOCALIPSIS

Encuentra a Jesús en Apocalipsis

Cada equipo ganador tiene a un líder que los lleva a la victoria. Podría ser el mariscal de campo de un equipo de fútbol americano, o el ala pívot en un equipo de baloncesto o el delantero de un equipo de fútbol. Los creyentes también tienen alguien que los lleva a la victoria. Esa persona es Jesús. Él murió para pagar el precio de nuestro pecado; por eso, el pecado ya no tiene la victoria sobre nosotros. Así se lo llama a Jesús en Apocalipsis 5.5: «El León de la tribu de Judá». Y ¡ese León ya «ha vencido»!

No parecía que Jesús ganó la batalla, ¿cierto? ¡Fue terriblemente maltratado y crucificado! Sin embargo, Jesús demostró ser más poderoso que las fuerzas del mal. ¡Lo hizo cuando resucitó de la muerte! En Efesios 1.21-22, Pablo describe a Jesús sentado a la derecha del Padre. Jesús está sentado «muy por encima de todo gobierno y autoridad, poder y dominio, y de cualquier otro nombre que se invoque, no solo en este mundo, sino también en el venidero. Dios sometió todas las cosas al dominio de Cristo, y lo dio como cabeza de todo a la iglesia». ¡Él es el que lleva a la iglesia a la victoria!

Lee Apocalipsis 5.5-14. En este marco, dibuja a Jesús como se lo describe en estos versículos.

¡Vamos a escribir!

APOCALIPSIS

El apóstol Juan escribió Apocalipsis para animar a los creyentes que eran maltratados. Les dio una visión asombrosa del cielo. (Lee sobre esto en Apocalipsis 21.3). Dios prometió estar con ellos y con nosotros para siempre. ¡Eso es una verdadera motivación! ¿Cómo te sientes al respecto? Escribe a continuación.

....

....

....

¿Estás esperando el regreso del Señor? ¿Estás emocionado o un poquito asustado? ¿Anhelas su regreso o tienes temor? Explica aquí.

....

....

....

Semana 61, día 5

¡Vamos a orar!

Querido Dios:

Gracias por enviar a Jesús a ganar la victoria sobre el pecado. Sé que la batalla está ganada, pero en ocasiones, no me parece así. Tú tienes cosas maravillosas reservadas para mí. Por favor, ayúdame a esperarlas pacientemente. Ayúdame a confiar en ti mientras espero. Ayúdame a hacerlo, incluso cuando los demás me hacen pasar malos ratos; y ayúdame a animar a otros creyentes a que también confíen en ti. Te pido esto porque creo en Jesús.

¡Amén!

En ocasiones, a Jesús se lo llama el Alfa y la Omega. Alfa es la primera letra del alfabeto griego y omega es la última. Esto significa que Jesús es el principio y el fin. Él estuvo al principio de los tiempos y regresará para el fin. Colorea esta imagen de la Biblia para que recuerdes que Jesús ha estado, está y estará ahí para ti.

Semana 61, día 6

¡Manos a la obra!

Un día Jesús regresará. ¡Habrá una gran celebración! Sin embargo, puedes celebrar su victoria ahora mismo. Y, ¿cómo puede haber una celebración sin un pastel? Aquí tienes cómo hacer uno para celebrar la victoria de Jesús. Esta es una receta para una persona. Necesitarás la ayuda de un adulto o de una persona mayor.

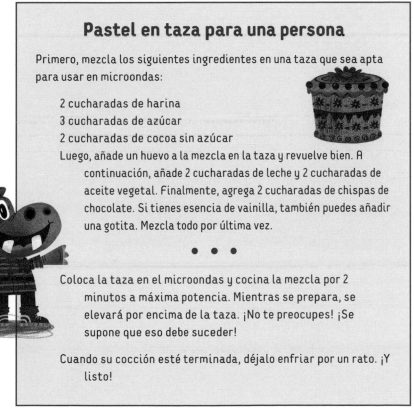

Pastel en taza para una persona

Primero, mezcla los siguientes ingredientes en una taza que sea apta para usar en microondas:

2 cucharadas de harina
3 cucharadas de azúcar
2 cucharadas de cocoa sin azúcar

Luego, añade un huevo a la mezcla en la taza y revuelve bien. A continuación, añade 2 cucharadas de leche y 2 cucharadas de aceite vegetal. Finalmente, agrega 2 cucharadas de chispas de chocolate. Si tienes esencia de vainilla, también puedes añadir una gotita. Mezcla todo por última vez.

• • •

Coloca la taza en el microondas y cocina la mezcla por 2 minutos a máxima potencia. Mientras se prepara, se elevará por encima de la taza. ¡No te preocupes! ¡Se supone que eso debe suceder!

Cuando su cocción esté terminada, déjalo enfriar por un rato. ¡Y listo!

381

Mientras comes el pastel, recuerda el motivo de tu celebración. Jesús ha ganado la victoria sobre el pecado. ¡Toda la tierra celebrará contigo cuando Jesús regrese!

Génesis, día 2

```
F X L J A R D I N Q Y M O W I
L A Q W O Z B C R E R C I O N
V E R Z O O O A C E P T Y A Q
Q W Z A Y K S G F S H R O U J
P A C T O A X E V N I A C B S
A S D M H H C F R A M L K V E
B O C R J K S E Q U A U S L R
A R S B H V O Z B X H Y A E P
B Q A P I N I T E E A Q R A I
E S D V F L V G H K R J A I E
L U Z X E M U Q Z V B S O U N
U I R B O K L E U Q A R W P T
E H A Q E M I S I S E N E G E
N B C D N U D O W A I S A A C
X D I O S Z B E N D I C I O N
```

Éxodo, día 2
VERTICAL
1. Mosquitos
7. Faraón
8. Granizo
9. Arca
10. Nilo
11. Egipto
HORIZONTAL
1. Moisés
2. Fiestas
3. Pascua
4. Zarza ardiente
5. Rojo
6. Sinaí

Levítico, día 2
1. Holocausto
2. Cereal
3. Comunión
4. Expiatorio
5. Culpa

Números, día 2
1. Caleb
2. Josué
3. Moisés
4. Escol
5. Jordán
6. Balán

Deuteronomio, día 2

c	g
f	b
h	e
a	d
j	i

Josué, día 2
Obedecer a Dios trae paz a mi corazón.

Jueces, día 2
Otoniel
Aod
Samgar
Débora
Gedeón
Tola

Yaír
Jefté
Ibzán
Elón
Abdón
Sansón
¡Dios jamás te abandona!

Rut, día 2
1. Belén
2. familia
3. recompense, refugiarte, pague
4. pariente, cercano
5. redimirte
6. dispuesto
7. ancianos
8. sandalia
9. propiedad, esposa

Rut, día 3
1. Abraham
2. Isaac
3. Booz
4. Isaí
5. David
6. María

1 y 2 Samuel, día 2
Das la victoria a los humildes, pero tu mirada humilla a los altaneros.
2 Samuel 22.28

1 y 2 Reyes, día 2

```
X E Z E Q U I A S B V J A Ñ K
A J W L M L S X S L C G S A O
H Z A L R K P V E K X F T T P
J E K S S Y T B R S A I S O J
G W Q J A X R N Y J Z D V J L
L R H Y T W J O S A F A T X M
P S D Z U V B M U O Q S Z X Z
M Q F G S E D E Q U I A S P A
E Z A B Y K H J K E S E M A N
J O A C I M G B L D S B A A E
H A H A N L F H A J W A A U A
N R E T U Z D C N F S V G A D
E I D J J Q S A B V X Z F N S
M W C Y N U M J E R O B O A N
```

1 y 2 Crónicas, día 2
Jesús es mi rey fiel y bendición de Dios para mí.

Esdras, día 2

```
O R I C X L S T Y E N S Z D F
I L Z R A G O H L T A R O A M I
L Q P Z V B X Q U A Y A M A E
I Z X A X Q W A R O B I K L L L
X V U H E J S Y R A O Q Z W T X
E O N J L T E P I N B V F A F
R E G R E S A R K Y A T R A G
X O C V H E N M A U S O F G A R
P R O M E S A P L S K J U H A
O A U Y T R E W Q A A S D D S
L C A U T I V O K J H L G F E
M I N A R I U R T S N O C A R
J O H G F D S R Z X C V B W N
K N L P O I Y A S U E R D X O
D E D I C A R W A Q S A Z C C
```

Nehemías, día 2
Trenza, polvo bajo los pies, bufanda roja, líneas en la trompa, flor en el sombrero

Ester, día 2
Tú eres un mensajero oficial de Jesús. Háblales a otros sobre Él.

Job, día 2
1. Hormiga
2. Pájaro
3. Nota musical
4. Pincel
5. Bota de montaña

Salmos, día 2
1. asustan
2. angustiada
3. feliz
4. lamento
5. alégrense
6. débil
Si te sientes triste o feliz, a Jesús debes acudir.

Proverbios, día 2

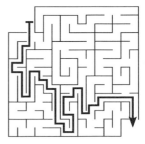

Eclesiastés, día 2

Cantares, día 2
El amor es fuerte como la muerte.
El amor quema como fuego ardiente.
Ni las muchas aguas pueden apagarlo.
Ni los ríos pueden extinguirlo.
Si alguien ofreciera todas sus riquezas a cambio del amor, Solo conseguiría el desprecio.

Isaías, día 2

Isaías 26.13	honra
Isaías 6.1	al Señor
Isaías 6.7	con, tu
Isaías 26.8	vida

Honra al Señor con tu vida.

Jeremías, día 2

PACTO

Ezequiel, día 2

1. Yo estableceré mi alianza contigo, y sabrás que yo soy el SEÑOR.
2. Yo mismo apacentaré mi rebaño, y lo llevaré a descansar. Lo afirma el SEÑOR omnipotente.
3. Buscaré a las ovejas perdidas, recogeré a las extraviadas, vendaré a las heridas y fortaleceré a las débiles, pero exterminaré a las ovejas gordas y robustas. Yo las pastorearé con justicia.
4. Infundiré mi Espíritu en ustedes, y haré que sigan mis preceptos y obedezcan mis leyes.
5. Y haré con ellos un pacto de paz. Será un pacto eterno. Haré que se multipliquen, y para siempre colocaré mi santuario en medio de ellos.
6. Por eso, así dice el SEÑOR omnipotente: Ahora voy a cambiar la suerte de Jacob. Tendré compasión de todo el pueblo de Israel, y celaré el prestigio de mi santo nombre.

Daniel, día 2

¡DIOS ES EL MÁS PODEROSO!

Oseas, día 2

HORIZONTAL

2. Fidelidad
6. Maldad
9. Rectos
10. Habitar
13. Castigo
15. Disciplinaré
16. Mentira

VERTICAL

1. Lejos
3. Redimirlos
4. Arrogancia
5. Cuida
7. Perversidad
8. Amaré
9. Rechazo
11. Indómito
14. Ira

Joel, día 2

1. Nuevo
2. Devolver
3. Comida

4. Atardece
5. Tazón
6. Tú
7. Tono
8. Tosía

Vuélvete a mí con todo tu corazón, todavía no es tarde.

Amós, día 2

SIEMPRE SÉ FIEL
HAZ LO CORRECTO Y BUENO
SÉ HONESTO CON TODOS
AMA
SÉ JUSTO
AYUDA A LOS DEMÁS
SÉ BUENO Y PRESTO A
   PERDONAR

Miqueas, día 2

ALEGRÍA
RISA
BENDICIÓN
VERDAD
PACIENCIA

Nahúm, día 2

1. 1.8
2. 2.1
3. 2.8
4. 2.10
5. 2.13
6. 3.1
7. 3.7

Habacuc, día 2

DIOS ES NUESTRO ÚNICO CONSUELO.

Sofonías, día 2

B. → I.
C. → J.
N. → E.
M. → F.
C. → B.
N. → M.
F. → E.
I. → J.
Una cruz

Hageo, día 2

PON A DIOS PRIMERO

Malaquías, día 2

Mateo, día 2

1. b
2. f
3. c

4. e
5. a
6. d

Marcos, día 2

Jaime tenía un perrito llamado Flopi. Jaime amaba a Flopi, y Flopi amaba a Jaime. Cierto día, Jaime llevó a Flopi a caminar. Era un lindo día en el parque. Y cuando Flopi vio una ardilla, salió corriendo tras ella. La ardilla corrió mucho, y Flopi también. Un momento después, Flopi se cansó de perseguir a la ardilla para regresar con Jaime. Flopi conocía el camino. Jaime caminó todo el día y por todo lado con Flopi. Todos los vecinos conocían y amaban a Flopi. Jaime estaba feliz. Deseaba regresar a casa y jugar con Flopi.

Lucas, día 2

Porque el Hijo del hombre vino a buscar y a salvar lo que se había perdido (Lucas 19.10)

Hechos, día 2

Poder
Ráfaga
Profetizarán
Temor
Instrucciones
ESPÍRITU SANTO

Gálatas, día 2

Cree en Jesús

Efesios, día 2

Decimos la verdad
Trabajamos
Hablamos lo que edifica y
   bendice
Somos bondadosos

Filipenses, día 2

ALEGRÍA

Colosenses, día 2

JESÚS

1 y 2 Tesalonicenses, día 2

1. Santidad
2. Paz
3. Anímense
4. Alerta
5. Ámenlos
6. Ayuden
7. Estimulen
8. Bien
9. Alegres
10. Oren
11. Gracias
12. Fe

13. Fieles
14. Ama
15. Enseñanzas

2 Timoteo, Day 2

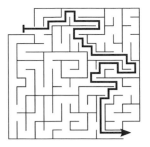

Tito, día 2
1. Mostrarse obedientes y sumisos ante los gobernantes y las autoridades.
2. Siempre deben estar dispuestos a hacer lo bueno.
3. No hablar mal de nadie.
4. Buscar la paz.
5. Ser respetuosos.
6. Demostrando plena humildad en su trato con todo el mundo.

Hebreos, día 2
1. Dominio
2. Adoren
3. Resplandor
4. Superior
5. Esperanza
6. Sacerdote
7. Pastor
8. Libertad
MEDIADOR

Santiago, día 2
1:12 c.
2:1 d.
3:10 a.
3:13 b.
4:11 e.

1 Pedro, día 2
GRACIA

1 Pedro, día 3
Alégrense
Aparte, haga
Soportan
Armonía, compartan, amor, compasivos
Extrañen

2 Pedro, día 2

A	Z	E	T	S	I	R	T	A
X	O	Z	D	A	D	L	A	M
O	D	N	U	M	N	I	O	E
D	I	E	W	F	E	O	S	L
A	D	C	M	A	L	O	A	B
C	R	E	Y	L	X	Q	C	O
E	E	D	O	L	O	R	A	R
P	P	A	D	A	Ñ	O	R	P
O	A	D	E	S	L	A	F	Ñ

2 Pedro, día 5
Poder
Promesas
Llamado
Prueba
Gracia, conocimiento

1 Juan, día 2
HORIZONTAL
1. Justo
2. Fiel
3. Vida
4. Amor
VERTICAL
5. Intercesor
6. Salvador
7. Dios

2 Juan, día 2
2 John 7–8
2 John 1–3
2 John 6
2 John 9

3 Juan, día 2
Amigo(s)—2
Hijo(s)—1
Hermano(s)—6
Verdad—5
Iglesia—3

Judas, día 2
1. Fe
2. Impíos
3. Se burlarán o vivirán según sus propios deseos
4. No caer en pecado
5. Su gloriosa presencia

Jude, día 5
1. Murió
2. Cielo
3. Hijo
4. Biblia
5. Otra vez

Apocalipsis, día 2